環球人物百科全書

紅馬童書　張文　編著

漫畫名人故事

❹ 從康熙皇帝到華盛頓

前　言

正在看書的你一定碰到過這種情形，一個平時看起來寡言少語，比你高明不了多少的「小人物」，抓住一個上台演講的機會，在講台上變得光芒四射。他滔滔不絕地展開長篇大論，把你講得雲裏霧裏：

「你說你知道哥倫布？人人都知道他是美洲大陸的發現者，可你知道他當過海盜，蹲過監獄，而他航海的目的是發大財嗎？」

「你知道老子是大名鼎鼎的思想家，那你知道他的職業是甚麼嗎？」

你還沒想起哥倫布做過甚麼的時候，他已經開始了下一段：

「你知道孔子是很多人的老師，可你知道為甚麼書店的老闆都討厭他嗎？」

「你說你知道蘇格拉底是個聰明人，那他為甚麼高高興興地喝下一杯毒酒？」

「有甚麼了不起！」你心裏酸溜溜地想，「只不過多讀了幾本名人傳記而已。」

事實上，這名同學也許不只比你高明一點兒。如果仔細觀察，你會發現他人緣還不錯，處理問題總像大人物一樣睿智……

實際上，你也曾閱讀過某本名人傳記，書裏介紹了名人的成長經歷、成功秘訣、主要成就……可它實在太枯燥了，所以你把書丟到了一邊。不過，你現在看到的這本書，跟你以往讀過的名人傳記可不太一樣。它不僅介紹了名人們廣為人知的一面，同時也爆料了很多名人的「小秘密」，你甚至可以翻看他們的日記呢！

怎麼樣，聽起來是不是挺有意思？你可以把書中的事例信手拈來向同學們炫耀一番，你就是下一位在講台上「光芒四射」的人，你肯定會令老師驚訝不已，對你另眼相看的。

所以，你應該認識到，名人並非只有高端、大氣、上檔次，他們也有普通人的一面，這正是本書要向你展示的。也許名人身上的那些獨特之處正在你身上逐步呈現出來，說不定你也會成為名人故事裏的主角。

還愣着幹甚麼？趕快翻開這本書，從中汲取智慧和力量，來一個華麗的轉身！

演講人名單

鄭板橋
「難得糊塗」的怪脾氣畫家

清朝大名鼎鼎的書畫家和詩人。擅長畫竹子、蘭花和石頭。他性格有點兒古怪，卻是一位深受百姓愛戴的清官。

86

伏爾泰
法國啓蒙運動的旗手

法國大思想家，啓蒙運動的代表人物。一生都在為思想和言論的自由而戰，對 18 世紀的歐洲產生了巨大影響。

100

富蘭克林
第一個真正的美國人

他性格溫和，在科學、教育、實業等眾多領域都卓有成就，是美國開國元勳之一。頭像被印在美元百元大鈔上。

114

曹雪芹
文學豐碑《紅樓夢》的作者

清朝的小説家。他根據自己的經歷，花費了十年的心血，完成了中國最優秀的古典小説——《紅樓夢》。

128

華盛頓
美利堅合眾國之父

他帶領美國人民擺脱英國人的殖民統治，取得了獨立戰爭的勝利。他曾兩次全票通過總統選舉，是美國第一位總統。

142

瓦　特
使人類進入蒸汽時代的發明家

從小就對冒着蒸汽的水壺很着迷。他發明了世界上第一台具有實用價值的蒸汽機，推動了工業革命的到來。

156

馬上就要開講啦……

塞萬提斯

第一部現代小說的創作者

西班牙位於歐洲西南角的伊比利亞半島上，在 15 世紀以前，西班牙一直有很多政權並立，直到 1492 年才建立起一個統一的國家。因為靠近海洋，西班牙重視發展海上勢力。

還記得航海家哥倫布吧？他在西班牙王室的贊助下揚帆出海，發現了美洲新大陸。從此，西班牙開始了對美洲的征服，漸漸把疆域擴展到了大西洋的另一邊，變成了一個不折不扣的海上強國。沒錯，那真是一個激動人心的時代……

西班牙有位國王叫腓力二世，在他執政期間，西班牙的國力達到了頂峰。這位腓力二世曾經向伊利沙伯一世求過婚，求婚失敗讓他非常惱火，而英格蘭的迅速崛起又讓他倍感威脅。於是，他在 1588 年組織了一支號稱「無敵艦隊」的海軍部隊，氣勢洶洶地殺向英格蘭。

然而，龐大的無敵艦隊在英吉利海峽被機動靈活的英格蘭海軍打敗，西班牙從此漸漸失去了海上霸主的地位。這聽起來並不是個好消息，不過西班牙卻在這段時間迎來了文藝復興，而本篇的主角塞萬提斯（1547—1616）就生活在這個時期。

我說陛下，打了敗仗跟我有甚麼關係，我只是個作家啊！

塞萬提斯的確是一位出色的作家，他的小說《堂吉訶德》被認為是西方文學史上第一部真正的現代小說。這本書講的是鄉下紳士堂吉訶德讀騎士小說入了迷，幻想自己也是一名中世紀的騎士，和鄰居桑丘（在他看來桑丘是騎士的隨從）一起行俠仗義，到處碰壁的故事。那時騎士已經絕跡了一個多世紀，堂吉訶德的所作所為顯得既荒唐又不合時宜，而他的名字則成了落後於時代的代名詞。

這本書在當時的受歡迎程度，就像這樣——

那個年輕人笑成那樣，一定是在看《堂吉訶德》，否則他就是個瘋子。

陛下英明，他真的是在看《堂吉訶德》！

據說有一位以色列總理戴維·本-古里安為了讀原版的《堂吉訶德》，甚至自學了西班牙語……

這本小說真是棒極啦！

說起來，塞萬提斯既沒上過大學，也沒專門學過文學創作，他之所以能寫出好看的《堂吉訶德》，大概是因為他有豐富的人生經歷。下面就是他的故事，你會在故事裏看到：

．他是戰爭中的大英雄。

．他在五年的俘虜生涯中策劃了好幾次逃亡。

．據說《堂吉訶德》是在監獄裏寫完的。

．儘管《堂吉訶德》大受歡迎，但在同時代的人看來，他只是一個蹩腳詩人或二流作家而已。

塞萬提斯開講啦

馬德里的文學青年

　　我出生在馬德里附近的埃納雷斯堡，老爸是個外科醫生，不過他做的工作更像是一名護理員。老媽是個虔誠的天主教徒，一天到晚總是不停地禱告。另外，我還有六個兄弟姐妹——這可真是個大家庭，對吧？

在我四歲那年，我們全家搬到了馬德里西北部的巴利亞多利德。這是一座繁華的工業城市，據說在這兒可以找到待遇更好的工作。事實上，老爸欠下了一大筆錢，最近幾年我家的生活過得很拮据。

貧困的生活一直持續到 1556 年。那一年爺爺去世了，老爸繼承了一筆遺產，不僅還清了債務，還足夠全家過上安穩的日子，我也進入馬德里的利比亞學院讀書。我很喜歡這裏的語法教授，這位洛佩茲先生寫了一本書，還在裏面收錄了我寫的三首詩——沒錯，這就是我最早的文學作品。

我寫的詩受到了西班牙紅衣主教胡利奧·阿克誇維瓦的賞識，他非常喜歡我，讓我做他的隨從，還帶我一起去意大利遊覽。意大利可真是個好地方，我們去了巴勒莫、那不勒斯、米蘭、佛羅倫薩、威尼斯、羅馬、帕爾瑪和費拉拉，沿途的美麗風景、雄偉建築，還有那些激情四射的人讓我十分着迷。一路上，我寫下了很多讚美這些城市的優美詩篇。

回國以後，主教大人推薦我加入了西班牙軍隊。我非常感謝他，要知道在我生活的年代，參軍可是頂有前途的，不僅薪水不錯，説不定還能引來許多姑娘的愛慕，即使只是一名普通士兵，也夠讓人羨慕的了。

勒班陀的獨手人

1571 年，歐洲的基督教國家跟信仰伊斯蘭教的奧斯曼土耳其帝國發生了戰爭。我跟隨部隊開往前線，參加了聯合海軍和土耳其人在希臘的勒班陀近海展開的一場大海戰。這場戰爭非常激烈，可是在轟鳴的炮火聲中，我卻偏偏發起了高燒。上司和戰友説我的身體狀況很糟糕，應該留在船艙裏休息……

因為我執意堅持，上司只好給了我一小隊火槍手和一艘大皮艇。我和戰友們衝上了土耳其人的戰艦，跟敵人拼殺。

雖然戰況緊張，危險不斷，然而我還是為能參加這次戰爭感到驕傲——在我看來，這是一名勇士所能做的最崇高的事。

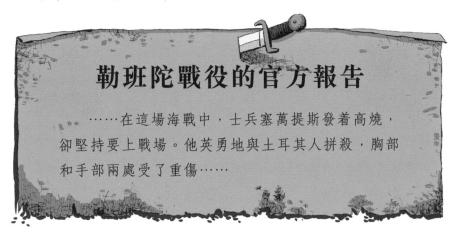

勒班陀戰役的官方報告

……在這場海戰中，士兵塞萬提斯發着高燒，卻堅持要上戰場。他英勇地與土耳其人拼殺，胸部和手部兩處受了重傷……

是啊，我受傷了。胸部的傷很快痊癒了，但是左手卻從此落下殘疾，還因此得了個外號叫「勒班陀的獨手人」。別擔心，我的左手並沒有斷掉，只是因為子彈的碎片切斷了手掌的一根神經，讓它失去了活動能力而已。

阿爾及爾永不屈服的囚徒

經過四年出生入死的軍旅生涯，1575 年，我帶着聯軍統帥和一位公爵大人給我寫的推薦信，和親愛的戰友們一起踏上了回國的旅途。

經過法國的馬賽海岸時，我們的船突然遭到了三艘土耳其海盜船的襲擊。雖然大家奮力反抗，但最終所有人都被海盜抓到了奧斯曼土耳其帝國的阿爾及爾。他們在我身上搜出了那兩封推薦信……

他們真的以為我是甚麼了不起的重要人物，向我索要 500 枚金幣換回自由。可是，我家根本湊不出 500 枚金幣，於是，我在阿爾及爾被囚禁了五年。

在這五年裏，我曾經四次嘗試逃跑。第一次本來一切都很

順利，但是本應把我和同伴們帶走的那個人在關鍵時刻卻沒有出現……

第二次，我帶着十四五個人從幹活的地方偷跑出來，躲到一個隱蔽的山洞裏，等待一艘西班牙帆船的接應。那艘船抵達以後，嘗試着靠近這片沙灘，但還沒等它靠岸就被發現了，我們又被抓了回去。我被扔進監獄，足足關了五個月。

第三次，我計劃從陸路逃走。我託人給一位將軍送去一封信，向他解釋了整個計劃並尋求幫助。沒想到，信使在半路上被抓了起來，那封信落到了土耳其人手裏。我被判罰挨 2,000 下棒打，不過因為大家都幫我求情，我幸運地躲過了懲罰。

　　第四次，一位來自西班牙的好心的商人給了我一筆錢，我用這筆錢買了一般能容納70人的快速帆船。當我們就要乘船逃走時，一個俘虜當了叛徒，向土耳其人洩露了整個計劃。

　　這個背叛者得到了一枚金幣和一個奶黃色的花瓶，而我則被送到了一個幾乎無法逃跑的地方——君士坦丁堡。

　　雖然四次逃跑都失敗了，但我從沒放棄過希望。我用勇氣和膽識贏得了俘虜們的信任與愛戴，就連那些土耳其人也對我另眼相看。

　　1580年，幸運終於降臨了。一位修道士敬佩我是戰爭英

雄，想方設法籌集到了 500 枚金幣，讓我重獲自由。

幻想中的荒唐騎士

就這樣，我終於回到了西班牙。不過，五年前的戰功早就已經被人遺忘。我很快陷入了困境，整天為生活而忙碌奔波。我曾經在政府裏當過小職員，也擔任過收稅的小官。1597年，因為我寄存稅款的銀行倒閉了，我交不出稅款，結果被抓進了監獄。

在監獄裏，我接觸到形形色色的人，而對於過去的戰爭歲月和被俘生涯，我都記憶猶新。反正監獄裏的生活既無聊又沉悶，我想，也許我可以寫本書，把自己遇到的有意思的事通通寫出來──也許會是個好看的故事呢。

你應該還記得我曾經是個十足的文學愛好者，我寫過一大堆抒情詩和諷刺詩，出版過小說，還應劇院邀請寫過三四十個劇本，不過都沒引起注意。至於現在我在寫的這一本──沒錯，

就是《堂吉訶德》。

　　你已經聽説過它是一個怎樣的故事了，以下都是那位騎士迷鬧出的笑話……

　　堂吉訶德把風車當成巨人，揮舞着長劍跟它決鬥，結果弄得遍體鱗傷。

　　堂吉訶德把羊群當成軍隊，衝上去廝殺，結果被牧童用石子兒打掉了牙。

　　堂吉訶德把理髮匠當成了武士，宣佈他就是自己的對手，理髮匠可真無辜。

　　後來，理髮匠被打得滿頭大包，堂吉訶德終於贏了一次，理髮匠的運氣真是差到家了！

我完全沒想到，《堂吉訶德》剛一出版就風靡全國，一年之內竟然重印了六次……

不過，《堂吉訶德》當時沒有得到文學界人士的認可。所以，我的生活絲毫沒有得到改善。也許西班牙的黃金時代真的已經結束了，我真希望自己變成堂吉訶德，可以大聲説——

當時的文學界人士對《堂吉訶德》抱着輕視的態度，認為它不過是一本不能登大雅之堂的「供人消遣的閒書」。然而，塞萬提斯無論如何也想不到，在很多很多年以後……

知識鏈接

桑丘

堂吉訶德僱了附近的農民桑丘做自己的侍從，桑丘的坐騎……是一頭驢。

老馬

堂吉訶德給自己的坐騎取了個神氣的名字——駑騂難得，意思是這匹馬之前是匹駑馬，現在卻是一流的騎士之馬！但——你見過比它更瘦弱的老馬嗎？

堂吉訶德

　　讀騎士小説入了迷的堂吉訶德先生啓程了，他要到處遊歷，鋤強扶弱，當一個大英雄。不過，因為這位先生的腦筋有點兒問題——他總是沉浸在自己的幻想中，這使他的冒險旅程變得滑稽可笑。

　　在辦了很多荒唐事之後，堂吉訶德最終被打敗了。他很鬱悶地回到家鄉，一病不起，最後恍然大悟，開始痛恨騎士小説，臨終時立下遺囑：姪女如果想要繼承我的遺產，就不准嫁給騎士，哪怕是喜歡讀騎士小説的人也不行。

莎士比亞

戲劇王國的國王

本篇的主角非常了不起，他是很多大人物的偶像……

> 他是天才中的天才！

> 噢，我永遠的偶像！

> 天哪，他多麼有才華！

歌德　　　　雨果　　　　蕭伯納

　　瞧，就連歌德、雨果和蕭伯納這樣的大作家都是他的忠實擁護者。而最崇拜他的人大概是狄更斯，在狄更斯的作品裏，有二十幾部都引用了他的話。

　　現在，讓我們跟這位備受尊崇的人物見個面吧，他就是英

國劇作家、詩人威廉·莎士比亞（1564—1616）。

　　莎士比亞是文藝復興時期歐洲最出色的大作家。他不僅奠定了英國戲劇的基礎，而且把歐洲的戲劇創作推向了最高峰。有人說，只有一位國王是全世界所有人都擁護和熱愛的，那就是戲劇王國的國王莎士比亞。

歡迎進入我的戲劇王國！

　　幾百年來，莎士比亞的作品以舞台劇和電影的形式，在全世界以你能想得到的各種語言演出。你一定認識這位復仇的王子，也一定聽説過這位衝動的小伙子和他專情的女朋友⋯⋯

生存還是死亡，這是一個值得思考的問題！

被困在童話之外的你和我，要往哪裏去？

　　他們分別來自《哈姆雷特》和《羅密歐與朱麗葉》，這兩部著名的戲劇正是莎士比亞的作品。在莎士比亞的戲劇裏，每個人都有自己的喜怒哀樂和鮮明個性。他的戲劇不需要華麗的戲服和逼真的道具，演員們即使只穿着平常的衣服在一塊空地

上表演，觀眾們也會看得津津有味——這完全是因為劇本太吸引人了。

　　莎士比亞為我們留下了 37 部戲劇、154 首十四行詩和兩首長敍事詩——也許他寫了更多。他是創造詞彙的天才，也是有史以來詞彙量最大的作家，他的話經常被引用——甚至包括那些從沒看過他的戲劇的人。

當別的作家翻着詞典尋找能表達自己意思的詞彙時……

那些編寫詞典的專家們正翻着莎士比亞的作品收集詞彙呢。

　　也許一切就像他的朋友（同時也是一位優秀的劇作家）本·瓊森説的那樣——

莎士比亞不只屬於我們這個時代，他屬於全世紀！

　　下面就是這位戲劇界頭號大人物的故事，你會看到：

· 雖然受過一些基本教育，但他從沒上過大學。

· 他的感情生活非常神秘。

· 他在三十幾歲時就出了名。

· 他經常出入王宮，為伊利莎伯女王朗誦自己的新作品。

莎士比亞開講啦

斯特拉特福的戲劇迷

　　我出生在沃里克郡埃文河畔的斯特拉特福鎮，這裏有熱鬧的集市、成排的民居、優美的樹木和古樸的教堂，距離伯明翰大約 35 千米。我的老爸是個製作手套的工匠，同時還做羊毛和穀稻生意。為了賺到更多錢，他甚至還放高利貸（這當然是非法的）。老爸變得越來越富有，他買下一座房子，還娶了貴族出身的太太（就是我老媽）。借着老媽家的背景，他在斯特拉特福的地位逐步攀升，後來還當上了鎮議員。

　　作為老爸和老媽的第一個孩子，我五歲就被送進了小學，學習基本的文字和簡單的算術，並練習怎麼用羽毛筆蘸着墨水寫字。我對功課興趣一般，定期來斯特拉特福鎮巡迴演出的劇團才是我最盼望、最喜歡的。

觀看演出是我最大的樂趣，每次我都坐在第一排看得入迷。

我也喜歡到後台偷看劇團的演員們卸妝、整理道具。

　　小小的劇團就像一個神秘的世界，每一件戲服、每一樣道具都讓我無比嚮往。當演員們站在舞台上時，又破又舊的舞台

立刻變得閃閃發光，這就是戲劇的魅力！從那時起，我就迷上了戲劇。聽說倫敦有一流的劇院和最棒的演員，這讓我對倫敦心生嚮往，有一次還差點兒跟着一個劇團到倫敦去。

幾年以後，老爸遇到了麻煩。他被指控放高利貸以及非法收購羊毛，不得不為此付出一大筆罰金。家裏的經濟狀況變得很糟糕，我必須離開學校幫老爸打理生意。

在 18 歲那年，我娶了同鎮的姑娘安妮。她比我大 8 歲……

結婚以後，我們很快有了好幾個孩子。然而，這種沒有波瀾的生活並不是我想要的，有一天，我對老爸說我要到倫敦去。

大劇院裏的小配角

　　就這樣，我來到了倫敦。倫敦是一座不折不扣的大城市，人口差不多是斯特拉特福的 100 倍。這裏有很多娛樂活動供當地人和遊客選擇，比如足球、鬥雞以及到劇院看戲──倫敦有很多劇院，每天都有戲劇上演。

　　不過，這一切暫時跟我沒關係，我口袋裏的錢少得可憐，首先要考慮的是怎麼養活自己。我買了一份報紙，在報紙上找到了三條招聘啓事，分別是：餐廳小工、印刷工人和劇院馬夫。這三份工作看起來都不錯，我只考慮了一秒鐘，就決定去當馬夫，在劇院門口幫騎馬來的客人看馬。雖然這份工作薪水少又沒前途，但是好歹跟劇院有關。

　　工作空閒的時候，我常常溜進劇院看演出。我還自學了文學、歷史和哲學，我想做演員大概應該懂這些。有一天，劇院門口貼出一張招聘啓事……

　　到了面試的那天……

就這樣，我終於當上了演員。雖然我的角色都是不起眼的小配角，連台詞都沒幾句，但我還是非常努力。

打定主意跟不友好的劇作家們當同行

因為表現出色，我很快成了劇院的正式演員。漸漸地，我了解到劇本對劇院和演員來說非常重要，如果劇本不好，整部戲劇就不會受歡迎。正好，我對寫東西很感興趣，於是開始嘗試寫劇本——我發現自己似乎有這方面的才華。

不久以後，我寫出了一部名叫《亨利六世》的歷史劇，它的內容與英格蘭一場激烈的王位爭奪戰有關。這部戲上演後，受到了觀眾的熱烈歡迎。接下來，我又寫出了另一部歷史劇《理查三世》，再次大獲成功——觀眾們喜歡看理查通過不斷殺人一步一步接近王位，然後像狗一樣死在戰場上，這讓他們覺得大快人心。

超高的票房讓我在倫敦戲劇界有了一席之地。不過有了名氣以後，我遭到了其他劇作家的攻擊。

1591年4月20日　　倫敦早報　　頭版頭條

莎士比亞的戲劇是不知所云的笑話

羅伯特·格林（著名劇作家）

莎士比亞是個粗俗的平民，他完全沒接受過任何高等教育，竟然企圖當劇作家，這真是本年度最大的笑話。

這位格林先生是一位已經出名的劇作家，而且身份高貴。除了他，還有好幾位同行都對我滿懷敵意。

莎士比亞？他畢業於牛津大學還是劍橋大學？真正的劇作家都是這些名校畢業的——就像我一樣。

那個小鎮來的傻小子？他真是不自量力！

我得承認我有點兒沮喪，不過沒關係，觀眾們的反應給了我巨大的信心。無論這些劇作家有多瞧不起我，我都打定主意要跟他們當同行。

接踵而至的麻煩事和萬人空巷的大轟動

我的戲劇事業剛剛起步，麻煩事接踵而至。

首先是一群蠻不講理的清教徒，他們是宗教狂熱分子，認為戲劇會讓人分神，沒時間想神聖的事，所以是非常罪惡的——事實上他們覺得大部份東西都很罪惡，這些煞風景的人就是想掃大家的興。

倫敦的許多政府官員都是清教徒，在他們的堅持下，政府下令關閉城裏的所有劇院，我們只好轉移到城外繼續演出。然而倒霉的是，1593年，瘟疫爆發了。大家很快發現很多人擠在一起會讓疾病傳播得更快，跟看戲相比，性命當然更要緊。

瞧，到處都冷冷清清的，一個看戲的人都沒有……

劇院關門以後，我只能乾等。有一陣子我實在太無聊了，就寫了一首長詩寄給南安普頓伯爵——你知道，上流社會的有錢人總喜歡花錢買一些風雅的東西。

就像我預料的一樣，伯爵買下了這首詩。於是，我又寫了

一首長詩和一大堆十四行詩，把它們通通賣了出去。

你大概看得出來，我非常有生意頭腦。除了賣詩，我還出了一筆錢，成了劇院的股東。

或者我該在《倫敦早報》上寫一個投資專欄？

一年以後，瘟疫總算結束了。我在大臣亨利・凱里的支持下組織了一個新劇團，劇團的名字就叫宮內大臣劇團。

1595 年，我寫了《羅密歐與朱麗葉》。這是一部有關愛情、世仇、謀殺和自殺的悲劇，上演以後在整個倫敦引起了轟動。

太感人啦！

國王劇團和紳士先生
我的劇本越來越受歡迎，到 1597 年時，我已經有足夠的錢

在斯特拉特福鎮買一座華麗的房子。對了，你可能想知道我的太太和小孩在這期間發生了甚麼事，我和安妮沒有住在一起——真的，我們聊不來。

大家都喜歡看我的劇團演戲，就連伊利莎伯女王也一樣。不過，女王陛下當然不可能跟平民百姓擠在一起看戲，所以我的劇團會到王宮裏專門為她表演，有時候我還會進宮為她朗誦新劇本裏最精彩的段落。

女王陛下去世以後，她的繼承人詹姆斯一世也同樣喜歡看戲，尤其喜歡我的作品。他願意為我的劇團提供贊助，於是我的劇團改名為國王劇團，而我也接受了國王授予的貴族稱號，變成了一位有身份的紳士。

現在，我的那幾位同行對我的態度友善了許多。

莎士比亞的戲劇⋯⋯
好吧，還不錯。

學歷？那有
甚麼重要！

能不能把我介紹
給國王陛下？

　　莎士比亞的戲劇生涯持續了二十多年，老了以後，他回到斯特拉特福鎮，住進了他的那座大房子。他曾經在花園裏種了幾棵桑樹，後來有人把這些桑樹砍成小塊出售，號稱那可以引發靈感，那些小木塊很快就被莎士比亞的崇拜者們搶購一空。

　　而莎士比亞對於這件事的看法大概是⋯⋯

抱歉，那些小桑
木塊毫無用處。

知識鏈接

在莎士比亞時代，女性是不能上台演戲的，戲劇中所有女性角色都是由男性扮演的。

莎士比亞的四大悲劇

《哈姆雷特》、《李爾王》、《奧賽羅》及《麥克白》。

經典台詞

哈姆雷特：

生存還是死亡，這是一個值得思考的問題！

李爾王：

一個最困苦、最微賤、最為命運所屈尊的人，可以永遠抱着希冀而無所畏懼。

奧賽羅：

您要留心嫉妒啊，那是一個綠眼的妖魔，誰做了它的犧牲，就要受它的玩弄。

麥克白：

黑夜無論怎樣悠長，白晝總會到來。

公共劇院

16 世紀建造的英國倫敦環球劇場，在這裏可以觀賞到莎士比亞的戲劇演出。

包廂

包廂是一個個隔斷開的空間，是劇院裏觀看演出最好的位置。

舞台

包廂

廣場

伽利略

現代科學之父

1979 年 11 月，羅馬教會審理了一個特殊的案件。

> 羅馬新聞報　　1979年11月10日　　頭版頭條
>
> # 教皇公開道歉
> # 伽利略冤案平反
>
> 　　經過世界著名科學家（大部份都是諾貝爾獎獲得者）組成的審查委員會幾個月的取證和審查（其實完全用不着），教皇代表教會公開宣佈，1633年羅馬教會對於伽利略的判決是不公正的。
>
> 為甚麼不早點兒審查，我都已經死了三百多年了！

這位最終得到認可的先生就是本篇的主角，伽利略‧伽利雷（1564—1642），意大利數學家、物理學家、天文學家，近代實驗科學的奠基人。他最大的貢獻並不是發現或發明了甚麼具體的東西（不過他改進了望遠鏡），而是倡導了一種研究科學問題的方法。

這個問題要從古希臘時期說起。古希臘一直有兩大學派：一派以亞里士多德為代表，主張憑臆斷和推理獲得結論；另一派以阿基米德為代表，主張靠各種實踐（比如做實驗）來研究科學問題。因為兩個人的研究方法不同，所以針對同一問題得出的結論往往截然不同。

亞里士多德的方法用於研究哲學還可以，但是用來研究科學問題就免不了出錯——要命的是，他在各個領域都喜歡發表意見。不過，因為他的許多觀點（儘管並不正確）跟歐洲基督教會希望人們相信的事不謀而合，所以教會宣佈亞里士多德最權威，任何反對亞里士多德學說的觀點都是邪惡的。

上千年來，歐洲人一直對教會的說法深信不疑，然而文藝復興卻改變了這一切。新思想的傳播比以前任何時候都更加迅猛，文化和科學的發展讓越來越多的人對教會產生了懷疑。

伽利略就生活在這個時代後期，他是古希臘數學家阿基米德的崇拜者。他主張用數學和實驗相結合的方法做研究，並用

這種方法總結出很多力學定律和原理，證明亞里士多德的確犯了錯。他還用自己製作的望遠鏡觀測宇宙，用事實反駁了托勒密的地心說——沒錯，他支持的是哥白尼。

跟權威相比，我更相信真理。

　　然而，教會不允許伽利略亂講話，他們不僅燒毀了他的書，還把他軟禁起來——就是開頭你看到的那場冤案。下面你會在故事裏看到那場冤案的始末，以及這位真理追求者的故事：

· 他曾經因為付不起學費而退學。
· 他在比薩斜塔上做了一個世界聞名的實驗。
· 他用望遠鏡第一次看清了宇宙。
· 他和教皇保羅五世的恩恩怨怨。

快堵住他的嘴！

伽利略開講啦

滿懷疑惑的問題少年

　　我出生在意大利的比薩，這是一座繁華的大城市，有很多

優雅的中世紀建築——沒錯，包括比薩斜塔。

　　我家是個沒落的貴族家庭，雖然有貴族身份，但是沒甚麼家產。我在一所修道院上學，在這所教會學校裏，我有個外號叫「問題學生」——別誤會，我不是抽煙酗酒的不良少年，而是我想問的問題實在太多了，無論甚麼都想問個一清二楚，這給很多人帶來困擾。

別問為甚麼，背熟就是了！

不知道來龍去脈怎麼能背得熟？

沒有為甚麼，大家都說這是對的。

大家都說對，就是真的對？

這絕對不會錯，這是偉大的亞里士多德說的！

他又不是神，怎麼能保證不犯錯？

　　17歲那年，我在老爸的安排下進入比薩大學學醫。老爸希望我以後當醫生，但我只對物理和數學感興趣。

喂，我對你沒興趣！

彼此，彼此！

　　1583年的一天，我陪老媽到比薩教堂做禮拜。一陣風吹

過，天花板上的水晶吊燈晃動起來。我看了一會兒，發現吊燈每擺動一次需要的時間都差不多——這不對啊，按照亞里士多德的說法，擺動距離越短，用的時間應該越少才對。難道是我的眼睛出了毛病？於是，我用右手按着左手手腕的脈搏，根據脈搏的次數來記錄吊燈擺動一次需要的時間……

這個年輕人多虔誠啊！

我一動不動地仔細觀察，就連教堂裏的人都走光了也沒注意到。最後我發現，吊燈每次擺動的距離雖然漸漸縮短了，但是擺動的速度卻越來越慢，所以它每擺動一次需要的時間是一樣的。我確定是亞里士多德弄錯了。

或者他只是太喜歡那個吊燈了？

比薩斜塔上的轟動實驗

我沒有拿到比薩大學的畢業證書，因為家裏付不起學費，我只好退學了。從那以後，我擔任家庭教師努力賺錢，並繼續堅持科學研究。漸漸地，我的研究成果受到了學術界的重視，還被比薩大學聘請為數學教授。

25歲的我就這樣變成了大學教授。不過，比薩大學的教材都是亞里士多德學派的學者撰寫的，充滿了神學觀點和不嚴

謹的臆斷。比如書中提到自由落體運動的章節，就引用亞里士多德的觀點說，如果兩樣東西一起從高處落下，一定是重的東西先落地。可是，根據我的研究，不管輕重，這兩樣東西應該是一起落地才對。

比薩日報

1591年

伽利略 挑戰 亞里士多德！

比薩大學年輕的教授伽利略將在明天挑戰偉大的亞里士多德，他想證明亞里士多德關於自由落體運動的說法不正確。本報記者就此事採訪了教皇保羅五世以及比薩大學的發言人，他們都認為伽利略的做法非常可笑。

第二天，風和日麗，正是我想要的好天氣。我和助手維維亞尼來到城北的比薩斜塔下，下面是維維亞尼的工作日記，他會告訴你接下來發生了甚麼。

工作日記 　　　　　維維亞尼

今天，我跟着老師來到比薩斜塔。老師拿着一個10磅重和一個1磅重的鐵球登上斜塔，一會兒，他將把它們同時扔下來，而我在塔下負責觀測和記錄結果。

來看實驗的人很多，但大部份都是來看老師笑話的。我有點兒緊張，說實話，我也覺得亞里士多德不會錯。

實驗開始了，老師在斜塔上面鬆開手，所有人的眼睛都緊緊盯着那兩個鐵球。啊，老師是正確的！兩個鐵球確實同時落地了！

1591.5.18

不過，我的實驗結果並沒有被認可……

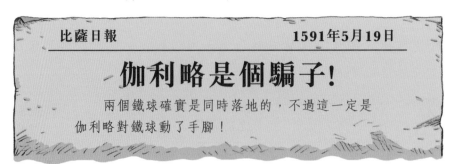

比薩日報　　　　　　　　　　1591年5月19日

伽利略是個騙子！

兩個鐵球確實是同時落地的，不過這一定是伽利略對鐵球動了手腳！

還有這份來自教會的公告——

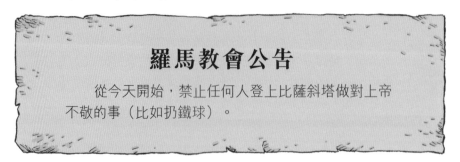

羅馬教會公告

從今天開始，禁止任何人登上比薩斜塔做對上帝不敬的事（比如扔鐵球）。

很多人都想重複我的實驗，一時間，比薩城裏的高層建築超受歡迎……

威尼斯最熱門的話題

因為惹惱了教會，我被比薩大學辭退了。不過，我很快又

在帕多瓦大學找到了一份工作。帕多瓦大學位於威尼斯，遠離教會所在的羅馬，學術思想相對自由。我在這裏主要研究力學，取得了一大堆研究成果。

1608 年，我聽到一個消息，荷蘭的一位眼鏡商偶然發明出一種叫望遠鏡的東西。

我並沒見過這位先生做的望遠鏡，不過我對這種儀器很感興趣，於是我決定自己動手做一個。這並不難，只要準備四透鏡、凸透鏡並找到合適的鏡筒。很快，我做出了一架非常精密的望遠鏡。我把它安放在威尼斯最高的鐘樓頂層，邀請議員們通過望遠鏡眺望海上的船隻。大家對於從望遠鏡裏看到的一切感到既新鮮又驚奇，望遠鏡立刻成了威尼斯最熱門的話題。

用望遠鏡看風景，真是一件既風雅又時尚的事。

不過，我研製望遠鏡不只是為了看風景，我要用它來研究宇宙！

接下來，我把望遠鏡對準了天空，很快就有了新發現。

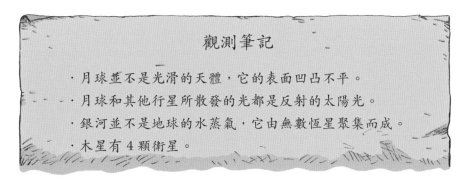

觀測筆記

· 月球並不是光滑的天體，它的表面凹凸不平。
· 月球和其他行星所散發的光都是反射的太陽光。
· 銀河並不是地球的水蒸氣，它由無數恆星聚集而成。
· 木星有 4 顆衛星。

1610 年，我把觀測到的天文現象寫成了一本名叫《星空信使》的書，這本書剛一出版就在整個歐洲引起了轟動。這下，我變成了意大利最有名氣的大人物。我辭掉了帕多瓦大學的工作，去佛羅倫薩擔任宮廷首席數學家和哲學家——這個閒職正好適合我，我需要更多時間進行研究和觀測。

來自羅馬教會的禁令

觀測到的天文現象越多，就越證明哥白尼的日心說才是正確的。教皇保羅五世很快注意到了這一點……

以前，曾經有好幾位天文學家因為提出跟教會不同的觀點而遭到了血腥鎮壓……

采科·達斯科里被判火刑，因為他認為地球是圓的，另一半也有人居住。

哥白尼因為提出了日心說，受到教會的監視，身邊有許多教皇的密探。

布魯諾因為宣傳哥白尼的學說被教會關了七年，最後還被活活燒死了。

教會當然也不會對我客氣，1616年，教皇向我下達了一條禁令——

禁 令

伽利略·伽利雷先生：
　　我，尊貴的教皇保羅五世，代表上帝通知你，禁止你以任何口頭或文字的形式宣傳哥白尼的學說，否則，我保證你的下場比布魯諾的下場更慘。

時刻準備為真理犧牲

在教會的威脅下，我假裝放棄哥白尼學說，不過我用幾年時間寫了一本書，並想辦法把它出版了……

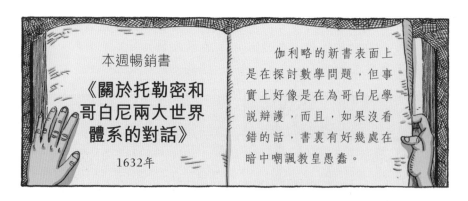

本週暢銷書

《關於托勒密和
哥白尼兩大世界
體系的對話》

1632年

伽利略的新書表面上是在探討數學問題，但事實上好像是在為哥白尼學說辯護，而且，如果沒看錯的話，書裏有好幾處在暗中嘲諷教皇愚蠢。

　　教皇立刻組織了一個委員會對這本書進行審查，並要求我去羅馬接受宗教裁判所的審判——就是開頭提到的那件事。他們一次次地審問我，還用火刑威脅我悔改。

　　1633年，教会宣佈——

羅馬教會公告

1．禁止出售《關於托勒密和哥白尼兩大世界體系的對話》。
2．已經出售的該書全部召回並燒毀。
3．把伽利略關起來，他瘋了。

從那以後，我一直被軟禁在家裏。我的身體越來越差，眼睛也漸漸看不見了……

讓我感到欣慰的是，越來越多的人了解並接受了我的學說，教皇的統治岌岌可危。

比薩日報

1641年

挑戰教皇的伽利略

事實證明，在宇宙問題上，伽利略是正確的。哥倫布發現了新大陸，而伽利略發現了新宇宙。

伽利略在 1642 年去世，直到生命的最後一刻他還在研究科學問題。後來，他被大科學家牛頓和愛因斯坦視為偶像——牛頓在伽利略的研究基礎上建立了萬有引力定律和牛頓運動定律，而愛因斯坦認為伽利略關於物理的研究標誌着物理學的真正開端。

知識鏈接

海王星

　　海王星是地球鄰居中距離太陽最遠的。它的表面覆蓋着幾千米厚的冰層，還有大風暴或旋風，又荒涼又寒冷。

火星

　　火星上有很多種地形——高山、平原、峽谷、沙丘。地球的地形是板塊運動造成的，而火星地形是流水沖刷和火山爆發形成的。有科學家認為火星表面存在過水，但早就已經消失了。它表面的岩石主要成份是鐵，所以它看起來是紅色的。

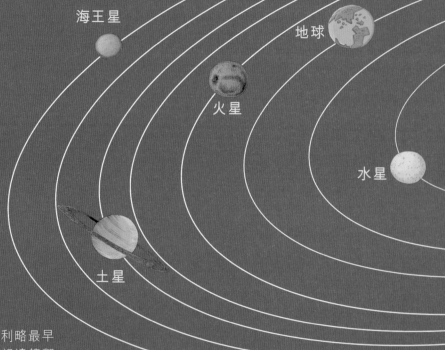

海王星

地球

火星

水星

土星

土星

　　伽利略最早用自製望遠鏡觀測到了土星的光環。那光環由碎冰塊、岩石塊等無數小塊物體組成，圍繞在土星周圍旋轉，像個大草帽。

水星

　　水星距離太陽最近，常被耀眼的陽光淹沒，讓人沒辦法看清楚它。它個頭小——是八大行星中最小的。但它跑得飛快——繞太陽公轉一週只要 88 天。它面對太陽的表面溫度能到達 427℃，背對太陽的表面溫度會降到－ 173℃。

地球

可能是太陽系中唯一有生命的行星。

金星

金星是距地球最近的行星鄰居，它是個名副其實的大火爐。不論白天黑夜，氣溫隨時都可能高達470℃。

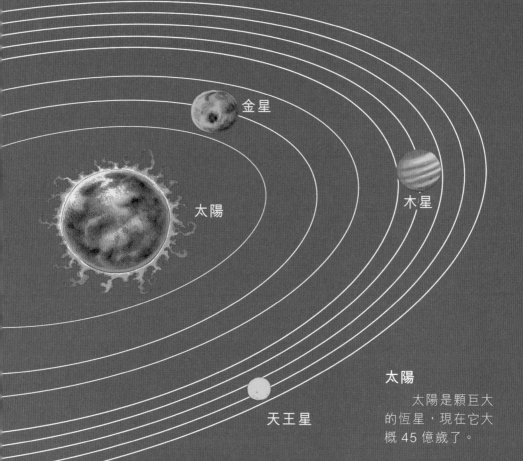

金星

太陽

木星

天王星

太陽

太陽是顆巨大的恆星，現在它大概45億歲了。

天王星

天王星上非常寒冷，溫度達到－200℃。它的自轉軸很傾斜——它幾乎是躺在軌道上自轉的，這讓它的北極和南極得到的陽光比赤道得到的還要多。

木星

木星是個不折不扣的大個子。如果把它想像成是中空的，那它的肚子裏足足裝得下1,300個地球。木星表面覆蓋着明暗交錯的雲帶——不同的雲帶有不同的溫度，呈現出不同的顏色，這讓木星看起來就像穿着條紋衫。

牛頓

經典力學的奠基者

1666 年夏末的一個傍晚，在英格蘭林肯郡一個名叫伍爾索普的莊園裏，一個年輕小伙子坐在花園裏的一棵蘋果樹下，一邊看書，一邊想事情。當他翻動書頁時，一個蘋果從樹枝上掉下來，砸到了他的腦袋。

> 也許能拿它做個蘋果批。

謝天謝地，他沒有用這個蘋果做蘋果批，而是靈光乍現，發現了萬有引力定律。

儘管後來有人認為這只是個編出來的故事，但不管怎樣，這個小伙子最終成為了一位偉大的科學家。沒錯，他就是大名

鼎鼎的艾薩克‧牛頓（1643—1727）。

　　我們很難用一句話說清楚這位先生的貢獻，因為他幾乎在所有科學領域都有着無與倫比的研究成果。他提出了萬有引力定律和牛頓運動定律，發明了微積分，製造了反射望遠鏡，基於三稜鏡將白光發散成可見光譜，發展出顏色理論，研究了音速，闡明了彗星運動理論、潮汐理論和行星的運行問題——聽起來有點兒難懂，不過可以肯定的是，這些都是物理學、數學、天文學等學科最基礎、最實用的知識，具有劃時代的意義。

　　事實上，牛頓的確被認為是世界近代科學史上最重要的大人物。2005 年，英國皇家學會（英國最權威的科學學術機構）進行了一次民意調查，主題是誰是科學史上最有影響力的人。牛頓超過愛因斯坦，在調查中獲得了第一名。

我質疑這次調查的權威性！

SCIENCE!（科學！）

愛因斯坦

　　愛因斯坦應該只是跟我們開個玩笑，事實上他曾經在牛頓逝世 200 週年的時候寫過一篇紀念文章，真誠地評價過牛頓有多了不起。當有人問他和牛頓誰的成就更大時，他這樣回答：「科學的發展不是毀掉一座倉庫然後在原地重建，而是像爬山一樣，沿着一個個山頭向上爬，爬得高了，會看到起步小山還在那裏，只不過顯得稍微矮一點兒罷了。」

雖然牛頓後來把大量時間花在了研究煉金術這種莫名其妙的事情上，並且在科學優先權的爭奪中表現得不太有風度，但不得不承認，就算是這樣，他仍稱得上偉大。

下面就是這位科學界頭號人物的故事，你會在故事裏看到：

· 他差點兒成為一名農夫。

· 他經常忘記吃午飯。

· 有一次他在鍋裏煮了一塊懷錶——是做甚麼研究嗎？

· 在某些方面他的確斤斤計較又小心眼兒。

· 他的大部份成就都是在 30 歲以前取得的，30 歲以後，他迷上了神學，並把所有難題都解釋為上帝的傑作。

牛頓開講啦

別妨礙牛頓走路

我出生在英格蘭林肯郡的伍爾索普村，在我出生前 3 個月

老爸就病逝了。我是個瘦弱的早產兒，剛出生時大家都認為我不可能活下來。

幸運的是，我活了下來。但不幸的是，三歲那年，老媽又給自己找了一個丈夫。她嫁給隔壁村一位姓史密斯的老牧師，從此搬到了老史密斯的家裏，而我只能跟祖母住在一起。

令人意外的是，老史密斯在幾年以後過世了——以他的年紀根本就不該娶甚麼太太嘛。老媽帶着他留下的一大堆書回到伍爾索普，這些書中除了《聖經》，還有一些是關於神學、數學、歷史和機械的。

我很快被這些書迷住了，老媽見我喜歡看書，就把我送進了學校。剛進學校時我的成績不怎麼好，因為我把很多時間都用來製作我喜歡的機械模型。

一天下課，我把剛做好的風車模型拿出來玩，胖約翰走過來，一腳把風車踩爛了。

就像你看到的一樣，在學校裏，只要成績好，無論做甚麼都會被原諒，這樣太不合理了。我很不服氣，於是制訂了一套打敗約翰的計劃……

下次考試的時候，我不僅超過了約翰，還成為了班裏的第一名。

看，原來勤奮真的可以帶來成功（當然故意踩別人腳來報復不是甚麼好行為）。

棒極了的三一學院

儘管我的成績越來越好，但 17 歲那年，老媽卻讓我回農

場幹活，跟村裏大多數男孩一樣當農夫。

可是，我根本就不是當農夫的料，不是弄丟了牛，就是忘記把豬圈關好，讓豬跑出來踩壞鄰居家的玉米地。老媽對我的表現很失望，只好讓我重新回學校。

真該死，我總是數不清這群牛到底有幾隻！

還是讀書比較適合我，再難的題我也有信心算出來！

一年後，我從中學畢業，考上了劍橋大學的三一學院——這可真是太棒了。在大學裏，我着迷地研讀所有能找到的資料和著作，下面這幾本是我最愛的。

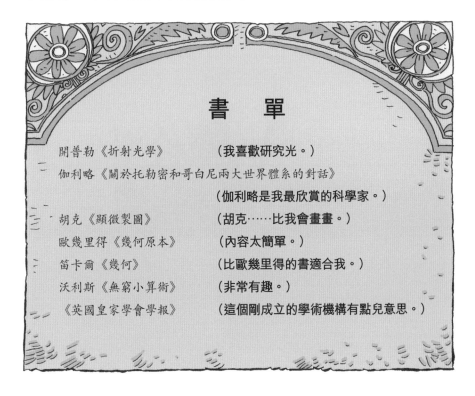

書　單

開普勒《折射光學》　　　　　（我喜歡研究光。）

伽利略《關於托勒密和哥白尼兩大世界體系的對話》

（伽利略是我最欣賞的科學家。）

胡克《顯微製圖》　　　　　（胡克……比我會畫畫。）

歐幾里得《幾何原本》　　　　（內容太簡單。）

笛卡爾《幾何》　　　　　　（比歐幾里得的書適合我。）

沃利斯《無窮小算術》　　　　（非常有趣。）

《英國皇家學會學報》　　　　（這個剛成立的學術機構有點兒意思。）

1665 年，我從大學畢業了。本來我可以在教授先生的推薦下留在學校工作，倒霉的是學校竟然因為預防倫敦的大瘟疫而關閉了——瞧我這運氣！

我把這一切都記在小筆記本上

我回到家鄉躲避瘟疫，並且繼續我的研究。那個蘋果的故事就發生在這時候——如果你相信它是真的。不管有沒有蘋果，反正的確是在這段時間，我開始研究地球引力問題——我把這一切都記在花兩便士買來的小筆記本上。

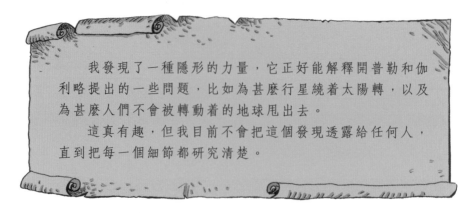

我發現了一種隱形的力量，它正好能解釋開普勒和伽利略提出的一些問題，比如為甚麼行星繞着太陽轉，以及為甚麼人們不會被轉動着的地球甩出去。

這真有趣，但我目前不會把這個發現透露給任何人，直到把每一個細節都研究清楚。

另外，這段時間我還在研究風力。有一天，一場罕見的狂風侵襲了伍爾索普……

順風跑……　　　　　　　　　逆風跑……

大風裏起跳……

認準起點和落點，仔細測量距離，看大風能把我吹出多遠。

終於測量好了數據！

媽媽，那個人在幹甚麼？

他是個瘋子，別理他！

太……咳咳……太棒啦！

　　甚麼？瘋子？好吧。其實我幹的傻事還不只這一件，有一陣子，我想弄清楚光和顏色的關係，於是常常連續好幾個鐘頭盯着太陽看，結果差點兒弄瞎眼睛。不過後來我學聰明了，改用三稜鏡觀察。

原來我已經吃過午飯了

1667 年，瘟疫總算過去了。我回到劍橋，展示了我的三稜鏡和光譜研究，並因此獲選為三一學院的研究員，從此有了固定薪水，雖然並不多。

在劍橋，我有個朋友叫約翰·威肯斯。有一次，我邀請威肯斯來我家吃午飯，菜已經準備好了，我突然想到一個問題，就一頭鑽進實驗室，完全把威肯斯忘掉了。

可憐的威肯斯等得不耐煩，就一個人把桌上的菜吃了個一乾二淨。等我終於把那個問題解開，出來吃午飯的時候，發現餐桌上只剩下幾隻空盤子。

我還以為餓着肚子呢，原來已經吃過午飯了。

　　還有一次，我覺得肚子餓，就到廚房去煮雞蛋，一邊煮一邊想問題。幾分鐘後，我掀開鍋蓋，發現鍋裏煮的竟然是一塊懷錶，而雞蛋還在鍋旁邊放着呢。我發自內心地想跟被煮的懷錶道歉，但是好像已經來不及了……

怎麼回事？！

對心不在焉造成的誤傷表示抗議！

對心不在焉造成的冷漠對待表示抗議！

　　雖然餓着肚子，還弄壞了一塊懷錶，不過做學問不專注是不行的。

　　我很快有了一大堆研究成果，其中還包括一架反射望遠鏡。它比一根豎笛還小，比以前那種大傢伙輕巧靈便得多，而且看東西更清晰。1671 年，我在皇家學會展示了我的望遠鏡，大家都讚不絕口。我受邀加入了皇家學會，這真令人高興——即使每週得繳納 1 先令的會費。

請別提那兩個討厭鬼的名字

接下來，我花幾年時間寫了一部科學著作，把之前的研究成果做了一個總結。這部書叫《自然哲學的數學原理》——你叫它《原理》就可以了。它一共分三本，內容包括我最得意的萬有引力定律（我終於把它修正得很完美了）和三大運動定律（它們都和力學有關）。

1687 年，我的朋友埃德蒙・哈雷（沒錯，就是正確預言了一顆彗星的那一位）資助我出版了這部書。它剛一出版就在科學界引起了轟動，這並不意外，還在寫的時候我就知道這會是一部經典。不過我無論如何也沒想到……

> 關於萬有引力，牛頓是從我給他的信裏得到了啟發！我認為他至少應該在前言裏提一下我的名字！

這傢伙叫羅伯特・胡克，是皇家學會的老牌會員，也是一位有名的科學家。可是拜託，我在 1666 年被蘋果砸到腦袋時就萌發了地球引力的想法，他所說的啟發根本就是無稽之談。我斷然拒絕了他「提一下名字」的要求，結果他惱羞成怒……

> 牛頓剽竊了我的研究成果！

> 別理這個暴躁的傢伙。

類似的倒霉事在幾年以後又出現過一次。你知道，我發展出微積分學，不過，就像我的其他很多理論一樣，過了很多年才正式發表。在這期間，德國數學家萊布尼茨也發展出微積分學，跟我不同的是，他立刻就發表出來。我們為了爭當這門學科的創立者吵得不可開交⋯⋯

是我先想到的！

是我先發表的！

最後，這件事交給皇家學會裁決，結果當然是我贏。1711年，我被英國皇家學會確定為微積分學的真正創立者。

不過這次裁定似乎並不能讓眾人信服，因為當時的皇家學會會長⋯⋯你猜是誰？沒錯，是我，你們能拿我怎麼樣？哼！

沒錯，我的確當上了皇家學會會長，並且從 1703 年到 1727 年連任二十四年。自從《原理》出版，沒人能動搖我在科學界的地位——這真令人欣慰。

除了皇家學會會長，牛頓還擔任皇家鑄幣廠廠長，並被英國女王冊封為爵士。英國詩人亞歷山大・波普曾經為他寫下這樣的詩句——

自然和自然的規律隱藏在茫茫黑夜之中。

上帝說：讓牛頓降生吧。

於是一片光明。

知識鏈接

蘋果

　　蘋果是世界上最聰明的水果，因為它啟發牛頓發現了萬有引力定律。這棵偉大的蘋果樹就栽種在牛頓兒時的住處伍爾索普莊園裏。

　　據説，1666 年牛頓正是坐在這棵蘋果樹下被蘋果砸中，才發現了萬有引力。

反射望遠鏡

　　牛頓製成了第一枝反射望遠鏡。它在設計上有很多優點，除了更容易獲得較大的視野，它還沒有折光器造成的色差。

康熙皇帝

締造康乾盛世的皇帝

　　女真族是居住在中國東北部的一個少數民族，靠狩獵、打魚、農耕和放牧為生。12 世紀初的時候，女真人曾經在北方建立過強大的金朝——它和遼、宋同時存在，不過後來被蒙古人和南宋聯手滅掉了。接着，蒙古人建立了元朝，而女真人就退回到了東北。

　　到了明朝後期，女真族的首領努爾哈赤佔領了遼東，建立起一個叫後金的政權，並開始向南擴張。努爾哈赤去世後，他能幹的兒子皇太極繼續南侵，向明朝展開了氣勢洶洶的進攻。

　　1636 年，皇太極在瀋陽當了皇帝，把後金改成了清——這就是中國歷史上最後一個封建王朝清朝的開始。另外，他還把女真族的名稱改成了滿族。今天，滿族同胞主要生活在中國北方。

　　到現在為止，女真族……呃，是滿族仍然在北方活動。後來，農民起義軍的領袖李自成幫了清朝一個大忙。1644 年，李自成率領農民軍攻佔了明朝的都城北京，清軍趁機大舉南

下，打敗了李自成和明朝的殘餘勢力。順治皇帝（他是皇太極的兒子）把清朝的都城搬到了北京，住進了紫禁城，正式開始統治中原，併發動了統一全國的戰爭。

1661 年，順治皇帝去世了，他的第三個兒子愛新覺羅·玄燁繼承了皇位，按照年號，大家更習慣稱他為康熙皇帝（1654—1722）。

沒錯，康熙皇帝就是本篇的主角。作為清朝的第四位皇帝，他八歲時就登上了皇位，而前輩留給他的是一個地域廣闊但危機四伏的江山。

瞧，有太多的人想跟他作對，而且每一個都很強大。不過，康熙皇帝逐一打敗了他們，還在自己做皇帝的六十一年裏，讓清朝變得很強盛——等等，六十一年？這說明了甚麼？

我可是中國歷史上在位時間最長的皇帝！

這位英明的皇帝有卓越的軍事才能和出色的政治眼光，打仗和治國都很在行。他統一了全國，開創了一個繁榮穩定的盛世，歷史學家們認為他是中國最偉大的皇帝之一。

接下來就是這位皇帝的故事，你會在他的故事裏看到：

·他能當上皇帝竟然是因為……得過一種致命的疾病。

·他用一場摔跤比賽解決了囂張的權臣鰲拜。

·他用巧妙的辦法平定了吳三桂的叛亂。

·他一年到頭沒有一天假期。

康熙皇帝開講啦

放風箏可不是皇帝該幹的事

作為老爸的第三個兒子，我出生在北京的紫禁城裏。我的老爸很年輕就去世了，而我之所以能成為他的接班人，聽說是因為我小時候曾經得過天花的關係。

天花是一種很危險的傳染病，在我生活的年代，這病無藥可治，患者死亡率很高。我得天花時，宮裏最好的太醫都說——

我的兒子到底怎麼樣？

回稟皇后，實在是凶多吉少……

嗚嗚，真希望發生奇蹟……

沒想到，奇蹟真的發生了。我神奇地好了起來，並因此有了意外驚喜。

誰適合接替我當皇帝？

那個剛得過天花的孩子有了終生免疫力，一定會健康長壽的！

順治皇帝

就這樣，我成了太子，後來又當上了皇帝。

你大概還不知道，我的身上有兩種血統——

我的奶奶孝莊皇太后是蒙古族人。

我的老爸順治皇帝是滿族人。

再加上我有一個漢族的奶媽，所以，我同時受到了這三種
文化的薰陶……

奶奶給我講了
許多蒙古族大英雄
的故事。

勇猛的滿族師
父教我騎馬射箭的
本領。

博學的漢族師
父陳廷敬教我文化
知識。

漸漸地，我長成了一個學問好又武功高強的少年。除了精
通中國傳統文化，我還跟隨外國老師學習了西方的數學、天文
學以及醫學等方面的知識，不是吹牛，我甚至會做幾何證明題。
另外，我很擅長射箭，每次打獵都收穫最多，用箭靶比試的時
候也總是滿分。

不過，作為一個只有八歲的小皇帝，有時我還是免不了貪

玩——放風箏可比坐在大殿上聽大臣們嘮叨有趣得多。每當這種時候，奶奶就會站出來……

專為滿洲第一勇士安排的摔跤比賽

你們已經聽說了吧，我剛繼位時不得不面對複雜凶險的局面——鰲拜專權，吳三桂越來越囂張，台灣想割據一方，準噶爾和沙俄虎視眈眈……面對這些麻煩事，我一點兒都沒閒著。

先說鰲拜好了。鰲拜是一名厲害的武將，軍功赫赫，號稱「滿洲第一勇士」，是老爸指定的輔政大臣。不過，他野心勃勃，獨斷專行，根本不把我放在眼裏。

他欺壓百姓，胡作非為，還控制了很多官員，公開跟我作對，以致每天下朝我都氣得頭暈眼花——有哪個皇帝喜歡有人在自己身邊指手畫腳！不過我還不是鰲拜的對手。於是，我裝出一副對國家大事漠不關心的樣子，整天跟一群小伙子玩摔跤。

這麼一來，鰲拜漸漸對我放鬆了警惕。我正好利用這幾年時間勤練武功，努力學習治國經驗。1669年，我覺得時機到了，就派人把鰲拜請進皇宮，名義上是向他請教國事，事實上卻為他精心安排了一場摔跤比賽。

他可不知道，這群小伙子經過了特別訓練，個個都是絕頂高手。我一聲令下，他們七手八腳撲上去，把毫無準備的鰲拜抓了起來。我宣佈了他的罪狀，把他和他的同黨一網打盡。

當一個國家方方面面全都聽你指揮的時候

現在，我終於可以親政了。我每天一大早就要上早朝，這叫御門聽政，就是在乾清門跟大臣們開會，商量和決定國家大事。北京的冬天冷得要命，起床的時候天還是黑的，在乾清門一坐就是好幾個時辰，而且一年到頭一天假期也沒有。

你大概以為皇帝可以自己說了算——沒錯，我是有權力把上朝時間定得晚一點兒，或者乾脆不上朝（昏庸的皇帝常會這樣做），但是作為所有大臣的榜樣，我希望自己比其他人做得都好。

作為皇帝，除了勤奮，謹慎也很重要。當一個國家方方面面全都聽你指揮的時候，如果腦袋一熱做出了錯誤的決定，不知道會有多少百姓遭殃。

就拿治理黃河來說吧，在制訂治理方案之前，我派人逆河而上，一直走到源頭，搞清楚了黃河的來龍去脈（這一趟往返行程足足有一萬千米），然後選了個叫靳輔的官員做河道總督。他很能幹，每天上八個奏章向我彙報他對治理黃河的意見。

不過，大臣們就黃河入海口水流不暢的問題發生了爭執。靳輔認為應該把河堤加高，而另一位大臣于成龍則認為應該挖深入海口附近的河道。

于成龍，你的辦法不行，那樣容易引起海水倒灌！

加高河堤才是餿主意呢！很多百姓的房子就建在河堤底下，河堤一旦被沖垮，百姓全遭殃！

靳輔　　　　　　　　　于成龍

我沒有輕易做決定，而是在早朝上開了個辯論會，讓他們各抒己見，請大臣們一起判斷。在聽取各方面的意見以後，我才斷定于成龍的主張更有道理，於是下令按他說的辦。

皇帝怎麼會只對你們手下留情

現在我要講講有關吳三桂的事。這傢伙本來是明朝將領，負責鎮守山海關。清軍南下的時候，他主動投降，帶着清軍長

驅直入，還率領部隊打敗了李自成，算起來是為朝廷立了功。天下基本平定後，他被封為藩王，掌控雲南。本來他可以在那個風景優美的地方舒舒服服地過日子，可他偏偏不安分……

吳三桂　　　　　尚可喜　　　　耿精忠

另外兩位，一位是廣東藩王尚可喜，一位是福建藩王耿精忠（他的爵位是從祖父那兒繼承來的）。他們各自鎮守一方，手握兵權，對我的命令陽奉陰違，行事高調，態度囂張。

1673年，尚可喜發來奏章說要退休，讓我批准由他的兒子接替他的職位。我很快給他回了信，跟他說他退休可以，至於他空出的職位嘛，我另有安排。沒想到，耿精忠和吳三桂立刻發來了請求撤藩的奏章——事實上，他們才不想撤藩，而是在試探我的態度。

我宣佈收回他們的藩王大權，命令一下，他們馬上坐不住了。吳三桂率先在雲南起兵，尚可喜和耿精忠立刻響應。他們三個人聯手，一度佔領了長江以南的廣大地區。

危急時刻，我想出一個對付他們的好主意——我對尚可喜和耿精忠採取招撫政策，只撤了吳三桂一個人的職。這下，他們三個人互相猜忌起來，再也沒辦法合作了。

皇帝怎麼會只對你們手下留情？你們肯定是做了甚麼！

　　局面很快向着有利於我的方向發展，他們不聯手的話，誰也不是我的對手。不久，耿精忠和尚可喜先後投降，最後，吳三桂也被我打敗了。

欣欣向榮的盛世即將開始

　　穩定了大陸的局面，我又把目光投向台灣。明朝大臣鄭成功的兒子鄭經佔領着台灣，想割據一方，在那兒當土皇帝，而我要面對的是一支強大的水師部隊。

鄭軍的水師戰鬥力強，不僅火炮先進，士兵們也非常勇敢，即使是橫行世界的荷蘭殖民者也不是我們的對手。

作為這支水師部隊的將領，我改變了立場，帶領一支部隊幫康熙皇帝打仗——因為我覺得康熙皇帝是個好皇帝。

施琅

　　就這樣，我成功收復了台灣。接下來，我抵禦住了沙俄的侵略，把他們趕回老家，維持了東北邊境近一百七十年的和平。

另外，我還派兵擊敗了蒙古的準噶爾部，粉粹了他們的首領噶爾丹建立草原帝國的陰謀。

當然，除了戰爭，要看一個皇帝有多偉大，還要看他怎麼治理國家。可以肯定的是，我在治國方面也毫不遜色。我下令廢止了滿清貴族的圈地令（這項法令曾殘忍地奪走了漢族人的土地，把這些土地變成了牧場），還減免賦稅，興修水利，鼓勵百姓開墾荒地。另外，我還為緩解滿漢民族矛盾做了許多事，比如尊重漢族知識分子的要求，把儒學列為官方學術，這贏得了漢族官員的擁戴。

我高興地看到，在我的治理下，清朝經濟發展，文化繁榮，疆域開闊，人口眾多——是的，一個欣欣向榮的盛世即將開始了。

我做得還不錯，對吧？

最後要說的是，康熙皇帝很注重文化教育，曾經主持編纂了幾十種重要的典籍，給我們留下了一筆寶貴的精神財富。

《康熙字典》《古今圖書集成》《數理精蘊》《康熙永年曆法》……要想都讀完還真需要些時間呢！

知識鏈接

中和殿

皇帝在重大慶典前會在這裏休息，接受官員朝拜，閱讀祭文。

紫禁城

紫禁城是中國明、清兩個朝代的皇宮，共有 24 個皇帝在這兒住過。這座皇宮金碧輝煌，雄偉壯觀，佈局嚴謹，壁壘森嚴，是中國古代非常了不起的建築群。

保和殿

明朝時，保和殿是皇帝冊立皇后和太子的地方，清朝的皇帝宴請王公大臣吃飯也會選擇這裏。清朝乾隆皇帝（他是康熙皇帝的孫子）把殿試的地點從太和殿移到了保和殿——殿試是科舉考試的最高一級考試。

太和殿

太和殿是紫禁城裏最高大的建築，也是中國現存古建築中規模最大的木結構殿宇。它是整座宮城最主要的建築，皇帝的登基大典、各種慶典以及接受文武百官朝賀都在這裏進行。

八旗制度

八旗制度是清朝滿族劃分戶口和軍隊的制度。清朝把滿族人分為八組，稱為八旗。其中正黃旗、鑲黃旗、正白旗稱之為上三旗，由皇帝任旗主；鑲白旗、正紅旗、鑲紅旗、正藍旗、鑲藍旗稱為下五旗，由王爺任旗主。

正黃旗　　鑲黃旗

正紅旗　　鑲紅旗

鑲藍旗　　正藍旗

鑲白旗　　正白旗

彼得大帝

使俄國成為世界強國的沙皇

在 17 世紀以前，位於歐洲東部的俄國一直是個落後的國家。它錯過了文藝復興和宗教改革的大好時機，科學無人問津，文學黯淡無光，神職人員則愚昧得要命——嗯，就像下面這樣。

上帝？也許……
在睡大覺吧……

文學？是一種糧食嗎？

科學？那是甚麼？好吃嗎？

而當時的西歐（比如英國、荷蘭、比利時以及法國）可就先進多了。被蘋果砸到腦袋的牛頓已經出版了他那本了不起的大部頭著作，買書的讀者擠爆了書店。這麼一對照，無論是經濟實力還是科技文化水平，俄國都落後了一大截。

就在這個時候，彼得一世（1672—1725）登場了。這位高大魁梧、精力充沛的沙皇意識到了俄國跟西歐國家的差距，他覺得自己應該為俄國進步幹點兒甚麼。於是，他登上了一艘開往西歐的大船，去學習各國先進的科學文化和有效的管理方法——以下士彼得·米哈伊洛夫的名義，因為只有這樣他才能看到更多更真實的東西。

說起來，在他之前，俄國只有一位沙皇出過國（他去了德國），那是幾百年以前的事。而彼得一世幾乎走遍了整個西歐，興致勃勃地學習了造船、射擊、印刷、航海、天文、鑄造錢幣，甚至拔牙，他似乎對天底下的一切都感興趣。

回到俄國以後，彼得一世進行了一場聲勢浩大的改革。他的目的當然是讓俄國變強大，畢竟哪個皇帝也不願意讓別人説自己的國家像個軟柿子。他的改革涉及到政治、經濟、軍事、文化教育和宗教等各個方面，還帶領軍隊在一系列對外戰爭中取勝，讓落後的俄國變成了不折不扣的歐洲強國。

改變總會讓一些人不習慣，所以彼得一世的政策曾經遭到過激烈的反對。不過，他很快用強硬的手段讓他的臣民看清了他非改革不可的決心。雖然在當時來説有點兒強迫的意思（其實就是強迫），但這帶來的長期影響卻巨大無比，無人能及。

沒錯，對於俄國而言，再也沒有第二個人能像彼得一世這麼重要。他被認為是俄國歷史上最了不起的統治者，被尊稱為「彼得大帝」。

出場介紹，我非常滿意。

下面就是這位沙皇的故事，你會在他的故事裏看到：

· 他是經過了一番激烈的爭奪才當上沙皇的。

· 他剪短了大臣們的鬍子，還剪掉了他們的袖子。

· 如果生活在他的年代，很可能會因為吃飯時發出聲音而被砍掉腦袋。

· 他在征服的土地上建起了一座了不起的城市。

· 他的脾氣有點兒暴躁，所以，你只要靜靜地聽他講就好。

彼得大帝開講啦

兄弟姐妹的權力爭奪戰

我出生在莫斯科，是沙皇阿列克謝一世的兒子，準確地說，是他十幾個孩子中的一個。老爸在我很小的時候就去世了，我的哥哥費奧多爾當上了新沙皇。不過他患有敗血症，沒過幾年也去世了。因為他沒有孩子，於是我的兄弟姐妹們為了爭奪最高權力展開了一場大戰——這真是讓人難過的家族悲劇。

經過一番激烈的較量，我和同父異母的哥哥伊凡被指定為沙皇，共同執政。這並不是個好消息，因為大權掌控在我們的姐姐索菲亞手裏。索菲亞狡猾又兇悍，是個非常喜歡權力的女

人，並且希望終生擁有這種權力。

伊凡16歲，不過他腦筋不怎麼清楚，而且總是病快快的。

我身體強壯，胸懷大志，但是只有10歲。

索菲亞以攝政王的身份簽署官方文件，出席各種場合，對她來說，我和伊凡只是擺設。

漸漸地，我成了一個態度果斷的小伙子，越來越不買我那位攝政王姐姐的賬。索菲亞認為自己的地位受到了威脅，就在1689年以謀反的罪名召集軍隊逮捕我。可她沒想到，我已經暗中組織起一支只效忠我一個人的近衛軍團……

索菲亞被我關進了修道院，我想，當修女也許能讓她變得溫和點。不久以後，和我一起擔任沙皇的伊凡去世了，我成了俄國唯一的最高統治者。

彼得下士的西歐之旅

雖然當上了沙皇，我卻一點也高興不起來——落後、愚昧、與世隔絕，這就是我所統治的國家。

有一次，一位從荷蘭來俄國做生意的商人帶我登上了一艘廢棄的商船⋯⋯

我看到俄國跟西歐先進國家的差距，於是決定到西歐去考察學習。1697年，我帶着一支二百多人的考察團乘船出發了。

不過，我不許任何人跟着我。我打扮成一個普通軍官，還給自己取了一個彼得·米哈伊洛夫的假名字。我想，既然是學習，下士的身份更方便一些。

首先，我來到荷蘭，這裏不僅建築技術高超、水道交通便利，而且有最先進的造船技術。我來到一家造船廠，得到了一份學徒的工作。

瞧，我在這兒幹得不錯。

彼得，做得好！

現在我已經是高級技師了！

在那之後，我又在一家航運公司當了幾個月的船長，學會了航海技術。接着，我離開荷蘭，先後去了德國、奧地利、普魯士、意大利、丹麥和英國等好多個國家。我訪問各國的工廠、學校、博物館、軍火庫和天文台，甚至參加了英國的一次議會會議。不得不說，所有的一切都讓我大開眼界，事實上就算不用假名字，我也像是個從小地方來的沒見過世面的下士一樣。

一年多以後，我踏上了回國的路。那時，我已經滿懷信心，要把俄國變成一個強國了。

如果你們喜歡吸煙和喝咖啡

回國的那天，很多貴族和大臣都來迎接我──不過，如果他們知道接下來我要做的事，一定會選擇躲在家裏。

沒錯，我剪短了他們的鬍子。他們全都嚇壞了，因為俄國人向來認為鬍子是上帝賜予的裝飾品，隨便剪短是對上帝的不敬。讓他們更吃驚的是，在接下來的晚宴上，我還剪掉了在場所有人的長袖子──那些邋邋遢遢的長袍看起來實在不順眼。我覺得西歐人的生活習慣才是文明又先進的，於是下了這樣一道命令──

詔 書

· 把鬍子全都剪短（老得不能動的男人除外）。
· 盡量穿西裝。
· 如果你們喜歡吸煙和喝咖啡，我會非常高興。

大臣們對此的態度是……

接下來，我出版了一本生活教科書，指導大家應該怎樣從事工作，怎樣進行交際，怎樣舉行舞會……總之，你能想到的生活中的方方面面我都寫得非常清楚，甚至包括用餐時必須使用餐巾，而且不能發出吧噠吧噠的響聲。

剛開始，我的臣民覺得這本書簡直就是笑話大全。不過，我很快讓他們明白我不是在開玩笑，為了保證每一項規定都能順利執行，全國有許多人掉了腦袋。然後……

把首都搬到聖彼得堡

這些只是一個開頭而已，接下來，大規模的改革開始了。

我取消了教會的大部份權利，並把官員分成 14 個等級，規定所有官員都得從最低一級做起，靠功績晉升。至於貴族，必須上學取得合格證，才有繼承爵位的資格。

我鼓勵工業和商業的發展，歡迎外國人到俄國開辦工廠，還聘請了很多來自西歐的技術人員。我簡化俄文字母，引進西方曆法，組織最出色的年輕人去西歐留學。另外，我還組建了俄國第一支正規的海軍部隊。

1696 年，我帶領軍隊跟土耳其交戰，攻佔了亞速港，開闢了一條通往黑海的路。1704 年，俄軍又在跟瑞典的戰爭中取勝，奪取了波羅的海東岸的一片土地。這片土地雖然面積不大，但是非常重要，因為它給俄國提供了一個出海口。一個偉大的設想出現了——我決定在這兒建造一座新城市，讓俄國跟西歐有更密切的交流。

為了盡快完成這個龐大的工程，我派來了 10 萬名工匠畫

夜趕工。1712 年，各種建築物相繼落成，新城市有了初步的規模。我給它取名叫聖彼得堡，宣佈把首都從莫斯科搬到這兒來。皇室、貴族和政府官員們只好跟我一起搬家，大家似乎對此很有意見……

歡迎到免費的圖書館和博物館來

儘管大家並不情願，但搬家總比掉腦袋好。住下以後，我按照西歐的方式不斷完善聖彼得堡，不僅要求嚴格，而且面面俱到。下面是我筆記本中的一頁，你可以看到我的一些打算。

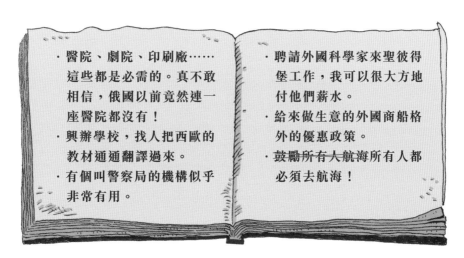

·醫院、劇院、印刷廠……這些都是必需的。真不敢相信，俄國以前竟然連一座醫院都沒有！
·興辦學校，找人把西歐的教材通通翻譯過來。
·有個叫警察局的機構似乎非常有用。

·聘請外國科學家來聖彼得堡工作，我可以很大方地付他們薪水。
·給來做生意的外國商船格外的優惠政策。
·鼓勵所有大航海所有人都必須去航海！

我還在聖彼得堡修建了俄國第一座圖書館和博物館。

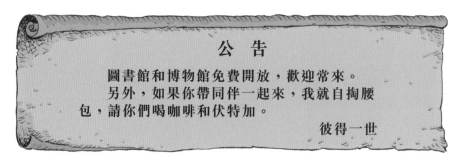

公 告

圖書館和博物館免費開放，歡迎常來。
另外，如果你帶同伴一起來，我就自掏腰
包，請你們喝咖啡和伏特加。

彼得一世

關於這項公告，我的大臣建議——

雖然每年都要為此花掉一大筆錢，但我覺得這很值得。一
切就像下面這張報紙上說的一樣……

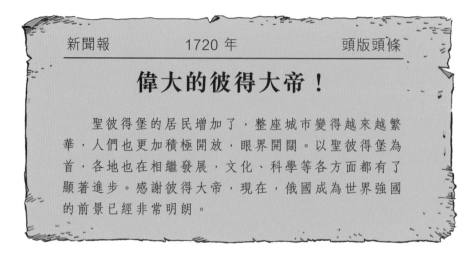

新聞報	1720 年	頭版頭條

偉大的彼得大帝！

　　聖彼得堡的居民增加了，整座城市變得越來越繁
華，人們也更加積極開放，眼界開闊。以聖彼得堡為
首，各地也在相繼發展，文化、科學等各方面都有了
顯著進步。感謝彼得大帝，現在，俄國成為世界強國
的前景已經非常明朗。

順便說一句，《新聞報》是俄國的第一份報紙，它也是由我創辦的。

在彼得大帝的統治下，俄國變得越來越強大。最後，一次救人之舉結束了這位大人物的一生——1725 年，彼得大帝跳進海裏解救困在沉船中的士兵，不幸感染了風寒，昏迷之後他再也沒有醒過來。

我並不因此感到遺憾，因為我所留下的，是一個強大而生機勃勃的帝國！

知識鏈接

船體

工人們按照圖紙把事先處理好的木條拼接組裝在一起,製作出船的骨架。然後,木匠用木栓和鐵釘把木板釘在骨架上,形成船的外殼。

龍骨

龍骨是連接船艏柱和船艉柱的縱向部件,位於船的底部,像人的脊柱一樣起支撐和承重作用,一般最先建造。

焦油

煤焦化過程中得到的一種黑色或黑褐色的黏稠液體。將熱焦油塗在船身上,能起到防水的作用。

防水

　　填塞匠用錘子將粗纖維填塞進木板之間的縫隙裏，然後在上面塗上熱焦油。

研究圖紙

鄭板橋

「難得糊塗」的怪脾氣書畫家

鄭板橋（1693—1765）是中國清朝鼎鼎大名的書法家、畫家和詩人，同時也是一位深受百姓愛戴的清官。不過，板橋並不是他的名字，而是他的號。他的名字叫鄭燮，字克柔，也就是說，你叫他鄭燮、鄭克柔或鄭板橋他都會答應。

古代人的字和號

就像現代人有網名一樣，古代人除了正式的名，還會有字和號。

·名。名一般由長輩按照家譜來取。稱呼自己時用名，稱呼別人時，為了表示尊敬就用字。

·字。字是長大以後取的，一般是名的解釋和補充，比如旁邊這位老兄……

·號。號是輕鬆的別名，可以根據自己的愛好、住地等隨便取，朋友之間最常用。

我叫辛棄疾，名棄疾，字幼安，都是希望身體健康不生病的意思。

比起蘇軾，大家更喜歡叫我蘇東坡！

好吧，就讓我們繼續叫他鄭板橋好了。作為一位書法家，鄭板橋的風格有點兒怪。他擅長的不是楷書或行書，也不是隸書或草書，而是自己創造的板橋體，號稱「六分半書」。

六分半書基本是把隸書摻雜到楷書當中，然後用草書的運筆方法來寫，打破了各種字體之間的界限。其中，隸書的風格佔的比例最大。因為隸書中有一種「八分書」，所以鄭板橋就開玩笑說自己的字體叫「六分半」。

沒錯，鄭板橋從來就不是遵循傳統的人。他模仿各位大書法家的字體都逼真極了，但是他偏偏要創造一種新的出來。除了融合好幾種字體，他還在寫字時融入了畫畫的筆法，每個筆畫有粗有細有濃有淡，每個字有正有斜有疏有密。乍看之下亂亂的，但仔細看會發現隨意中有整體，放縱中有規矩，變化無窮，超有態度。

作為畫家，鄭板橋就更怪了。基本上他只畫三樣東西——竹子、蘭花和石頭，因為他喜歡竹子的勁挺、蘭花的高潔和石頭的堅強。

有性格，
我喜歡！

作為大詩人，他最厲害的地方是把詩題在畫上，還會自己排好版——他並不是把詩句死板地寫在一邊，而是巧妙地安排在畫裏，把整幅畫襯托得更豐富，更好看。

現在，我們已經大概了解了這位鄭先生的藝術風格。接下來就是他的故事，通過故事，我們會對他本人有更多的認識，比如：

· 他在科舉考試中表現出色。

· 他是個非常稱職的官員——儘管他的上司並不這麼想。

· 他對朋友很講義氣。

· 他寫下「難得糊塗」這四個字的時候，內心很無奈。

鄭板橋開講啦

拒絕使用「信用卡」

我出生在江蘇的興化城裏，老爸是個讀書人，在城裏開了一間小學校。在他的教導下，我從三歲起就開始學認字了，到了上小學的年紀，已經會對對聯、寫文章。再長大一點兒，老爸把我送去跟着城裏最有學問的先生學習寫詩填詞。你大概看出來了，對吧？沒錯，我一直都走文學路線，後來還迷上了畫畫和書法。

20歲那年，我順利通過了科舉考試的初試，當上了秀才。為了賺錢，我和老爸一樣去教書，還娶了位漂亮溫柔的太太。

幾年以後，老爸去世了，家裏少了一份收入，生活一下變得拮据——唉，教書先生的薪水少得可憐。不過，既然我會畫畫又會寫書法，那靠賣字畫賺錢就行啦。

事實上，最近幾年我一直都在刻苦練習，不僅創造出一種特別的字體，還因為畫畫變得非常有名氣。不過，興化城是個小地方，買字畫的人不算多，如果希望生意好，得到一個熱鬧的城市開家畫館才行。就這樣，我來到揚州，租了一間房子當畫館，正式開始賣字畫了。為了方便，我定了一個書畫價目表，寫好，貼在了門口最醒目的位置。

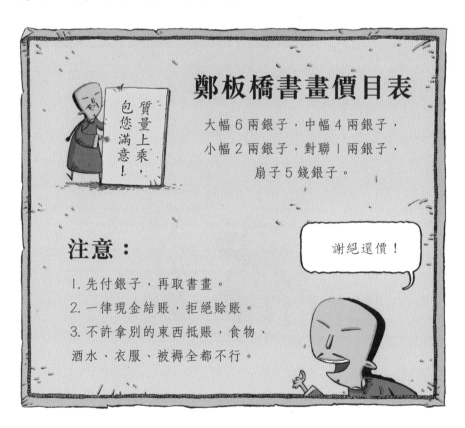

質量上乘，包您滿意！

鄭板橋書畫價目表

大幅6兩銀子，中幅4兩銀子，
小幅2兩銀子，對聯1兩銀子，
扇子5錢銀子。

注意：

謝絕還價！

1. 先付銀子，再取書畫。
2. 一律現金結賬，拒絕賒賬。
3. 不許拿別的東西抵賬，食物、
酒水、衣服、被褥全都不行。

沒想到，這個價目表把揚州的文人們大大地得罪了。他們認為……

自從定了價目表以後，我的生意好得不得了。同行們表面上不贊同，心裏卻似乎挺羨慕。後來，我跟其中一個叫金農的人成了好朋友——他也是一位出色的書畫家。

給官衙放放氣

1732年，我快40歲了，如果再不參加科舉考試，恐怕就

晚了。說起來真讓人得意，不到五年，我連續通過了鄉試、會試和殿試，順順利利地考中了進士。成績公佈以後，我一直留在北京（會試和殿試都在北京舉行），打算順理成章當大官，可是足足過了一年還是沒消息。我的盤纏用光了，只好回到揚州，繼續賣字畫。

1742年，我終於接到了朝廷的任命，被派往山東范縣當縣令。上任那天，我剛到衙門，就吩咐手下在牆上鑿洞。不一會兒，衙門的院牆上就被鑿出了10個大窟窿。百姓們莫名其妙，圍在門口議論紛紛。

縣令大人到底是甚麼意思？怕熱嗎？

聽說前任縣令貪污腐敗，讓大家吃了不少苦。我想把那種壞風氣放掉！

聽了我的話，百姓們感動極了，一下子對我產生了信任。一時間，來喊冤告狀的人絡繹不絕，我幾乎每天都要忙到後半夜。我判案公正，還採取了很多有利於百姓的新措施，很快得到了大家的愛戴。

我最討厭官員瞎講排場，出門不僅要鳴鑼開道，還要打出全套儀仗，讓百姓「回避」和「肅靜」──儀仗的牌子上就是這麼寫的。這根本就不是體察民情，完全是炫耀。

我出門的時候從不坐轎子，也不穿官服，就是一副平平常常的樣子。

雖然工作很努力，但上司並不喜歡我。因為我只在意百姓過得好不好，從來不會趨炎附勢、阿諛奉承那一套。

1746年，我被調去附近的濰縣當縣令，離開范縣的時候，百姓們都來送行。我到濰縣時，我的上一任恰好剛走……

沒法清醒，只好糊塗

我在濰縣當了七年縣令，其中有五年當地都發生了嚴重的

自然災害——不是旱災就是水災，還有一年鬧蝗災。連年災荒讓莊稼歉收，百姓們紛紛餓肚子。我一邊向朝廷稟報災情，請求賑濟，一邊招募民工修路建城，給災民提供工作機會，讓他們賺點兒薪水。

我每天都到市場巡視，只要發現囤積糧食賣高價的商人，立刻抓起來嚴懲。另外，我還說服了縣裏的鄉紳和地主，請他們輪流拿出糧食用大鍋煮粥，分給百姓。

儘管我已經非常努力，但難免還是有百姓餓死。我的很多同事，甚至是上級官員並不把這放在眼裏，在他們看來，升官發財更重要。我跟這群人完全合不來，於是偶爾有時間就到郊外散心。

某次我到山東萊州的雲峰山遊覽。山上有很多書法家留下的碑文，我看得忘了時間，不知不覺天就黑了，於是只好到山裏的一間小茅屋借宿。茅屋的主人是個儒雅的老先生，聽說我是鄭板橋，就指着屋裏一個方桌大小的硯台，請我在上面題字。

那我就寫「難得糊塗」這幾個字吧！

難得糊塗？甚麼意思？

有人說，難得糊塗是一種豁達樂觀的生活態度，也許吧，但我寫下這四個字，其實內心挺無奈。我沒有能力幫助餓肚子的百姓，也沒有權力懲治腐敗的貪官，相反還經常受到他們的嘲諷和刁難，所以只好假裝糊塗。

1753 年，濰縣又發生了旱災，而且這一次的災情比以前任何一次都嚴重。我等不及朝廷的批准了，自作主張地打開官倉，把糧食分給百姓應急。

因為及時拿到糧食，百姓們總算平安渡過了災年，不過……

不畫梅花的心意

你瞧，我被罷官了，不過正好我不想跟那些貪官同流合污，

於是我回到家鄉，繼續着自由自在的賣畫生涯。

　　有一陣子我住在蘇州，在梅花巷東頭租了間房子。這條巷子的西頭也有一家畫館，主人是畫家呂子敬，最擅長畫梅花。

　　不過，作為畫家，呂子敬的名氣比我差遠了，找我畫畫的人比找他畫畫的人要多得多。

　　後來，我聽說他家境不好，要靠賣畫養活一大家子。過了幾天，吏部尚書退休回到蘇州，指名請我畫一幅梅花圖，還說願意出 50 兩銀子。不過，我拒絕了這個工作⋯⋯

聽了我的推薦，這位老尚書就拿着銀子去找呂子敬了。從這以後，只要有人請我畫梅花，我就說不會畫。

呂子敬的生意重新好了起來，他洋洋得意，時不時炫耀自己畫梅花的水平比我高。對此我一笑了之，完全不在意。

三年以後，我打算離開蘇州，到揚州去。臨走之前，幾個畫家朋友來給我餞行，都讓我畫幅畫當作紀念。於是，我鋪開畫紙，提起畫筆……

事實上，我不僅會畫梅花，而且畫得一點兒都不差。

關於鄭板橋，有人說他大膽，有人說他狂妄，有人說他玩世不恭，還有人說他怪怪的，畢竟在他生活的年代，私開官倉、對抗上司之類的事大部份人都不敢幹，而定價目表、創造新字體的做法看起來也蠻特立獨行的。不過，他的確做到了自己所希望的那樣——剛直不阿，自由灑脫。

知識鏈接

中國畫為甚麼叫「丹青」

丹青是我國古代對傳統繪畫的一種叫法。

丹指紅色的朱砂，青指藍色的石青。

那時候，在少有的幾種顏料中，「丹」和「青」是古人繪畫時最常用的。這兩種顏色一個最暖，一個最冷，顏色對比強烈，卻又和諧統一，所以，古人就用「丹青」代指中國畫了。

朱砂

朱砂又稱辰砂、丹砂、赤丹，是一種天然礦石，大紅色，使用時要磨成粉末。

石青

又叫藍銅礦，是一種含銅的礦物，有深藍色和淺藍色，磨成粉末使用。

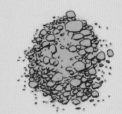

卷軸畫

　　畫的尺寸比較大時，人們就在裝裱時給它裝上卷軸。平時把畫捲起來保存，看畫的時候就順着卷軸把畫慢慢展開，這樣畫上就不會有摺痕了。

香爐

筆筒

筆

硯墨

筆洗

鎮紙

紙或絹

伏爾泰

法國啓蒙運動的旗手

在 18 世紀的歐洲，先進的思想家們認為，人們一直處在黑暗當中（比如國王的專制統治和教皇的宗教壓迫），於是他們批判專制主義和宗教愚昧，宣傳自由、平等和民主，希望把人們引向光明——這就是啓蒙運動。

啓蒙運動的中心在法國。法國巴黎的國家圖書館，有一隻裝着一個心臟的小盒子。這個盒子上寫着一句話……

這裏是我的心臟，但到處是我的精神。

這個心臟的所有者就是法國啓蒙運動的領袖弗朗索瓦－馬利・阿魯埃——這個名字你大概會覺得陌生，那麼還是讓我們稱呼他的筆名吧——伏爾泰。

伏爾泰（1694—1778），法國大思想家，被稱為「法蘭西思想之父」。他一生都在為思想和言論的自由而戰，他贊成

甚麼，反對甚麼，整個社會都聽他的意見，就連國王也沒有這樣的威望。他的思想對 18 世紀的歐洲產生了巨大的影響，所以後來人們說……

18 世紀是伏爾泰的世紀！

我的？

伏爾泰年輕時就有了名氣——準確地說是 24 歲，因為他寫了一部叫《俄狄浦斯王》的戲劇。在剩下的六十年裏（他活到了 84 歲），他一直都是法國，甚至整個歐洲最有名的思想家、哲學家和文學家，他一生最堅定的思想就是實行言論和出版自由，用他的話來說就是……

我不贊成你的話，但我要誓死捍衛你說話的權利！

問題是我們說甚麼你都會反對啊！

除此之外，伏爾泰的另一個重要思想也跟自由有關——他反對宗教信仰不自由和宗教迫害。這並不是說他不相信上帝，事實上，他相信上帝，並且認為大家都應該有信仰。他所反對的是大多數教條，在他看來，那些教條通通帶有強迫和命令的

性質，而且非常虛偽。

伏爾泰在人民當中有很高的聲望，説話比字典和法律更管用。所以，統治者們只好虛情假意地籠絡他，希望利用他的聲望讓自己在人們心裏的地位變得高一點兒。法國國王路易十五請他做官，普魯士國王腓特烈二世把他當成貴賓，俄國女皇葉卡捷琳娜二世邀請他到俄國做客……不過很遺憾，伏爾泰跟統治者們的交往常常不歡而散——統治者們不喜歡他的自由思想，而他不喜歡統治者們的專制。

伏爾泰那傢伙又出書了？不知道他這次又會胡説甚麼！

不過，雖然伏爾泰反對專制，但他還是贊成國家應該由一個強大而開明的國王統治，而這個國王最好愛聽哲學家（比如他自己）的意見——這個想法現在看來不太高明，但相對於他所處的那個時代而言，他已經足夠偉大了。

除了是思想家，伏爾泰還是一位出色的作家。他的作品包括史詩、抒情詩、書信、小説和戲劇，以及一些歷史著作和哲學著作。他最有影響力的一本書叫《哲學通信》，它的法文版出版於 1734 年。這本書被認為是法國啓蒙運動開始的標誌。

下面就是這位大人物的故事，你會看到：

·他在很多國家住過。

·他曾經中過大額獎券。

・他曾是最受歡迎的專欄作家。

・他曾兩次被關進監獄。

・他是個富翁，買下了一座大莊園。

伏爾泰開講啦

先來個概括性的開頭吧

我在很多地方待過，也有過很多曲折的經歷……

法國巴黎

我在這個美麗而浪漫的城市出生。

荷蘭海牙

在這裏，我戀愛了，不過那個姑娘的父母不同意我們結婚。

法國巴黎

有一段時間，我兩次被抓進巴士底獄。

普魯士

這裏的國王宣揚民主，但實際情況並不是這樣。

法國西雷

我和好朋友夏特萊侯爵夫人在一起渡過了愉快的十五年。

普魯士柏林

我不喜歡虛偽的腓特烈二世，儘管他被稱為「腓特烈大帝」。

瑞士日內瓦

我惹怒了法國國王，不能回國，只好在日內瓦住了一陣子。

費爾奈莊園

這個莊園在法瑞邊境，我把法國國王和瑞士國王都得罪了。

我在這兒做了很多事……

法國巴黎

費爾奈的生活雖然富裕安適，但我最後還是回到了出生的地方。

伏爾泰萬歲！

從律師助手到專欄作家

　　我出生在巴黎一個富裕的中產階級家庭，老爸是個法律公證人，他希望我將來當法官，於是把我送進了名牌學校——聖路易中學。可這裏除了偶爾舉辦拉丁語或者法語的戲劇表演之外，沒有甚麼令人滿意的。那些大臣和貴族的兒子們帶着僕人住在舒適的房間裏，而普通人家的小孩只能擠在集體宿舍——我討厭這種不公平。

　　不過，我還是在這兒學會了拉丁文、希臘文以及很多別的知識，比如數學。有一次，我跟朋友計算出了政府發行的獎券的中獎概率，買獎券中了 50 萬里弗爾——這可是一筆巨款，還因此被財政大臣告上了法院。

我曾代表國家以欺詐罪控告他，但輸掉了官司。

欺詐？我只是找到了獎券發行的漏洞而已。

　　不過，最讓我感興趣的還是文學。事實上，我從高中畢業之後就一直想當文學家，不過老爸希望我讀法律。我假裝在巴黎為一名律師擔任助手，其實大部份時間都用來創作諷刺詩，不是自誇，我非常擅長用機智的諷刺來抨擊社會醜惡。我諷刺虛偽的貴族、專制的國王和大腹便便的教皇……

法蘭西八卦報　　　　　1714 年　　　　伏爾泰專欄

如果教皇每頓飯少吃些山珍海味，並換下那件華麗的長袍，也許能讓自己變得多少像樣一點兒——這個打着上帝旗號的胖子似乎看不到他所敬愛的上帝的子民正在挨餓受凍，這讓我們怎麼能夠相信他就是上帝的發言人呢？

我的專欄是報紙最受歡迎的板塊，大家因為我文筆犀利、妙語連珠而喜歡我。我很快成了有名氣的作家。

巴士底獄的囚徒

你聽說過巴士底獄嗎？它在巴黎東邊，是一座專門關押政治犯的監獄。這裏戒備森嚴，暗無天日，塔樓上裝着大炮，牢門上有粗大的柵欄。只要被關進去，就跟外面完全隔絕了。而我曾經兩次成為巴士底獄的囚徒。

1715 年，殘暴的國王路易十四死掉了，繼位的路易十五是個剛滿五歲的小男孩，實際上由奧爾良公爵攝政，政治黑暗到了極點。我寫了幾首諷刺詩，題目是《小孩的統治》、《攝政王執政內幕》、《攝政王和公主不得不說的故事》、《攝政王府的真實生活》以及《誰動了我的官爵——攝政王賣官實錄》之類的。奧爾良公爵火冒三丈，把我流放到蘇里。

1717 年，我因寫諷刺詩影射宮廷生活，被關進巴士底獄 11 個月。

這是誰寫的？給我抓起來！

第二次是在 1726 年⋯⋯

我和貴族德·洛昂之間發生了一場公開的論戰，我的辯論才能讓他無地自容。

德·洛昂假意邀請我赴宴，當我的馬車停住時，發現中了他的圈套⋯⋯

在這件事以後，我學了劍術，打算找德·洛昂決鬥——這才像男人嘛。沒想到，這個陰險的傢伙居然買通了法官，於是我又一次被關進了巴士底獄。然而，巴士底獄的牢房只能囚禁我的身體，不能囚禁我的思想。在這兒，我寫出了很多作品。

出獄以後，我被驅逐出境，流亡到了英國。住在英國的三年裏，我考察了那裏的政治制度和社會習俗，寫出了一本名叫《哲學通信》的書。

幾年以後，我被允許回國了。剛一回到法國，我就出版了《哲學通信》，把英國的民主制度大誇一通，順便毫不客氣地批評了法國的專制制度。這下，我又把國王給得罪了。《哲學通信》被查禁，而我也成了通緝犯。

關於國王的勁爆發言

我逃到西雷，住在好朋友夏特萊侯爵夫人的莊園裏。這地方在法國和瑞士的邊境，所以還算安全。我在這兒住了十五年，不僅跟侯爵夫人相處愉快，還寫了許多史詩、悲劇以及歷史、哲學著作。這些作品讓我的聲望越來越高、名氣越來越大，人們都喜歡聽我發表意見，覺得我的意見才是對的。

1749 年，親愛的侯爵夫人病逝了，我應普魯士國王腓特烈二世的邀請來到柏林，得到了宮廷文學侍從的職位。不過，我很快就跟他鬧翻了⋯⋯

法蘭西八卦報　　　　　　　　1753 年

獨家！
伏爾泰關於國王的勁爆發言！

大思想家伏爾泰在接受本報記者的獨家採訪時表示，國王之所以成為國王並不是注定的——這跟國王陛下的說法不一樣。

我的王位是神給的，所以你們都得聽我的！

呸！一派胡言！

鄭重聲明：上述說法只代表伏爾泰先生的觀點，不代表本報立場。

我決定從此不再跟任何統治者打交道，多高的薪水都不行。沒錯，我又不缺錢。我本身就是個很有頭腦的生意人，如果你問我的家產從哪兒來……

出版詩集、小説、　　　幫小明星寫劇本　　　房地產生意　　　手工花邊製造廠
諷刺詩　　　　　　　　　　　　　　　　　　　　　　　　　　　　　　老闆

　　你瞧，我是個富翁。於是我離開了普魯士，在法國和瑞士邊境買下了一座大莊園。

費爾奈教長的威望

　　從 1760 年開始，我一直愜意地生活在費爾奈莊園……

　　我可不是要安度晚年，而是想靠自己的努力，把費爾奈這

個法國邊境的村子改造成一個繁榮的小城市。我想方設法讓大家變得富裕，收留過上百戶難民。我還很愛打抱不平，影響最大的一次是卡拉事件。

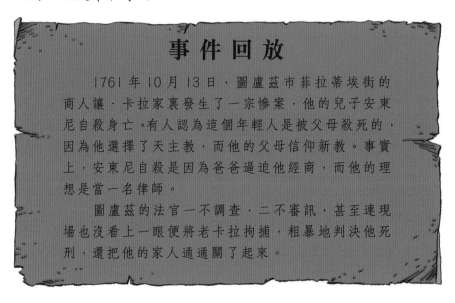

事 件 回 放

1761 年 10 月 13 日，圖盧茲市菲拉蒂埃街的商人讓·卡拉家裏發生了一宗慘案。他的兒子安東尼自殺身亡。有人認為這個年輕人是被父母殺死的，因為他選擇了天主教，而他的父母信仰新教。事實上，安東尼自殺是因為爸爸逼迫他經商，而他的理想是當一名律師。

圖盧茲的法官一不調查，二不審訊，甚至連現場也沒看上一眼便將老卡拉拘捕，粗暴地判決他死刑，還把他的家人通通關了起來。

聽說這件事後，我憤怒極了，立刻通過各種渠道調查和收集證據，還發動周圍的朋友、法國上流社會的貴族甚至是普魯士國王腓特烈二世和俄國女皇葉卡捷琳娜二世為這個案件呼籲，使它轟動了整個歐洲。幾年以後，案件終於得以重審。法官撤銷了當時的判決，死者的家人重新獲得了自由。

通過這件事，大家都信任我，尊稱我為「費爾奈教長」。

教長先生開朗幽默，他對所有人都彬彬有禮，跟我說話像是對外國大使一樣！

我在這兒一住就是十八年，寫出大量的文學和哲學作品，並且一直跟歐洲的大人物們保持聯絡，接待來訪者。費爾奈越來越熱鬧，漸漸成了整個歐洲的輿論中心。閒暇的時候，我喜歡散步、擊劍、騎馬、游泳和曬日光浴，直到 80 歲還跟朋友們一起登山看日出。

　　最後，有一句話我一定要說……

　　1778 年，84 歲的伏爾泰回到法國，受到法國人民的熱烈歡迎。不久後，他因病去世。

伏爾泰的雕像

　　這座大理石雕像的作者是法國雕塑家烏東。坐在椅子上的伏爾泰身着寬大的羅馬式長袍，好像在傾聽人們的呼喊，又好像在進行哲學思考，深沉而莊重。

　　從雕塑上看，伏爾泰面形微枯、顴骨突出、眼神尖銳而狡黠，其智慧和魄力被刻畫得淋漓盡致。整件作品散發出的高貴氣質令人折服。現在這座雕像被收藏於俄羅斯艾爾米塔什博物館（即冬宮），堪稱鎮館之寶。

啓蒙運動的旗手

在法語中，啓蒙的本意是「光明」。啓蒙運動是一場反對專制思想的文化運動，它解放了人們的思想，讓新思想不斷湧現，促進了社會的進步。啓蒙運動發生在 17—18 世紀的歐洲，代表人物除了伏爾泰和盧梭，還有法國的大思想家孟德斯鳩等人。

夏特萊侯爵夫人

人們只知道夏特萊侯爵夫人是伏爾泰的親密朋友，其實，她同樣是一位非常有才華的數學家、物理學家和哲學家。她從小學習騎馬、擊劍和體操，還掌握多門外語，12 歲時就能使用拉丁語、德語、希臘語和意大利語。

富蘭克林

第一個真正的美國人

　　該怎麼介紹本傑明·富蘭克林（1706—1790）呢？科學家？教育家？政治家？文學家？企業家？哲學家？他似乎在眾多領域都有所成就。他一生的成就使他獲得了一個很酷的稱號——第一個真正的美國人。

科學家富蘭克林

政治家富蘭克林

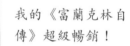

文學家富蘭克林

富蘭克林最為人所熟知的事情恐怕是那個著名的捕捉雷電的實驗。說起電嘛，現在我們已經知道了，電是靜止或移動的電荷所產生的物理現象。在生活中，閃電、靜電、摩擦起電等都跟電有關。

對現代人來說，電的用途又多又廣泛，交通、取暖、照明、通信等，生活中的很多東西都以電為主要能源。在古代，人們對電的了解並不多，不過古人倒是無意中發現過電。古埃及人把會發出電的電鰻稱為「尼羅河的雷使者」，認為牠們是其他魚類的保護神。古羅馬的一位醫生則建議痛風或頭疼的病人去觸摸電鰻，認為電擊也許會讓他們痊癒。古希臘人發現把琥珀跟貓毛摩擦以後會吸引羽毛之類的東西，認為這是因為摩擦使琥珀變得具有磁性——雖然這並不正確，但後來科學家發現磁跟電的確關係密切。

總之，在 18 世紀以前，雖然有不少人致力於研究電的現象，但獲得的成果卻少得可憐。接下來，就輪到大科學家富蘭克林出場了。

富蘭克林認為電存在於所有物體當中，雷電的實質是電現象。物體得到比正常量多的電就稱為帶正電，少於正常量就稱為帶負電。摩擦並不能創造出電，只是使電從一個物體轉移到另一物體上。他的理論在當時能夠比較圓滿地解釋一些電的現象，而且還讓人們弄清了雷電的真相。

請相信我，如果我的心不像我的情話這麼誠懇，就讓上帝賜我雷擊！

雷電跟上帝沒關係，它是從大自然裏來的——富蘭克林已經證明過這一點了。

　　富蘭克林之所以會得出他的結論，是因為他做了一個著名的實驗，他還因此發明了避雷針。在接下來的故事裏，你將聽他講述整個實驗過程並看到人們的反應，還會看到避雷針在當時有多流行。另外，你還會了解到：

　　·他並不喜歡製造蠟燭。

　　·他把一本 1 美元的書硬是賣到了 1.5 美元。

　　·他給英國皇家學會寄去了一張自己太太的照片。

　　·特別提醒，請別模仿他捕捉雷電的實驗！

富蘭克林開講啦

在印刷所裏看書是免費的

　　我出生在美國馬薩諸塞州的波士頓市。我是家裏的第 15 個孩子——對，你沒看錯，事實上我家的孩子足足有 17 個！

　　二十多年前，老爸從英國移民到美國，成為了一名蠟燭製造商。儘管生活很拮据（畢竟要養活那麼多小孩嘛），但老爸還是把我送進了學校，這是因為……

這孩子看上去很聰明，也許以後能當個牧師呢。

　　遺憾的是，我只在學校待了兩年。老爸付不起昂貴的學費，我只好退學幫老爸賺錢養家。不過，我對老爸的蠟燭生意完全沒興趣。那時，哥哥詹姆斯正經營着一家小印刷所，我想，到印刷所當學徒可能更適合我，因為我喜歡看書，而在印刷所裏可以看到好多書，並且都是免費的。

這個新來的學徒喜歡待在廠房裏聽機器的轟鳴聲——真奇怪！

我想看剛印好的書。

印刷廠工人

要不要一起去逛逛書店？

書店？年輕人的聚會不是應該到酒館或者舞廳去嗎？

朋友

先生，能不能把您拿着的這本書借給我看看？

拿去吧，如果你很喜歡的話。

某先生

他每天都很晚睡覺，因為他要把從印刷所偷拿回來的書看完。

這本書明天必須還回去……

同住的人

我幾乎甚麼書都看，無論有關自然科學的還是經典文學作品，我通通感興趣，這讓我學到了很多東西，變成了一個有學問的小伙子。

爵士先生並沒打算兌現他的諾言

17歲那年，我決定離開家到別的地方闖闖。我來到賓夕法尼亞州最大最繁華的城市——費城，當上了印刷工人，然後給爸媽寫了封信介紹了自己的情況。沒想到，這封信被錯寄到賓夕法尼亞總督基思爵士手裏，他很快給我寫了這樣一封回信。

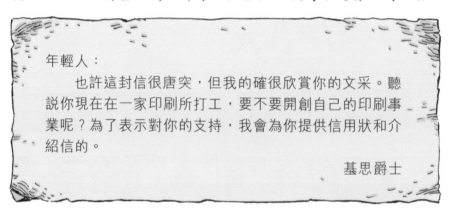

年輕人：

　　也許這封信很唐突，但我的確很欣賞你的文采。聽說你現在在一家印刷所打工，要不要開創自己的印刷事業呢？為了表示對你的支持，我會為你提供信用狀和介紹信的。

基思爵士

天啊，這真是個好機會！我立刻辭掉工作去英國購置印刷機器，然而，我很快發現爵士先生並沒打算兌現他的諾言。一時間，我進退兩難，只好留在英國打工賺錢。

我曾經在書店打工，同時還兼職當游泳教練。幾年後，我終於攢下了一筆錢，乘船回到美國，跟朋友一起創辦了一家印刷公司，並出版了費城的第一份報紙《賓夕法尼亞報》。這份報紙大獲成功，公司的業務也源源不斷。我們的出版物包括美國第一部醫學專著和第一本通俗小說，以及連續二十多年一直暢銷的《窮理查年鑒》。

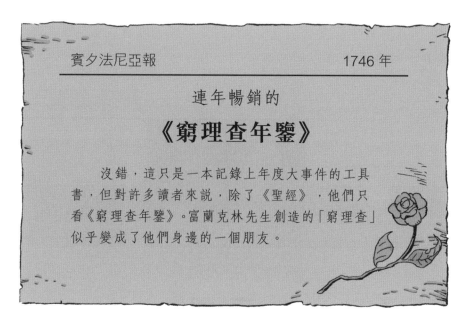

賓夕法尼亞報　　　　　　　　　　　1746 年

連年暢銷的

《窮理查年鑒》

　　沒錯，這只是一本記錄上年度大事件的工具書，但對許多讀者來說，除了《聖經》，他們只看《窮理查年鑒》。富蘭克林先生創造的「窮理查」似乎變成了他們身邊的一個朋友。

介紹一下，這位漂亮的女士是我的太太德博拉。

親愛的，我們今年的收入很不錯！

我所耽誤的時間價值遠遠大於 1.5 美元

　　你瞧，現在我終於成為一名真正的企業家了。雖然工作越來越忙，但我還是抽時間研究科學——忘了說，最近我對科學實驗很着迷。

　　下面有位先生將要出場，至於他的名字——我不知道，就叫他約翰吧，這無關緊要。

　　有一天，約翰走進我的印刷公司，拿起一本定價 1 美元的

書，問店員能不能便宜點兒。當得到否定的回答後，他要求見我，店員只好把正在辦公室讀最近一期《英國皇家學會學報》的我叫了出來。約翰讓我給他一個最低價，我對他說 1.25 美元。

約翰退讓了，他想 1 美元買下這本書，但我告訴他現在要 1.5 美元了。

約翰動作迅速地付了 1.5 美元，拿起書走了——他大概是怕再問下去會付更多。

我可不想動不動就被類似的小事打擾，我在 1748 年退出了印刷公司，不過每年仍然能從合夥人手裏分到一筆可觀的錢。這麼一來，我就有很多時間進行科學研究了，其中包括你聽說過的捕捉雷電的實驗。

可憐的德博拉足足躺了一個星期

關於我的研究進展，你可以從我太太的日記裏了解一下。

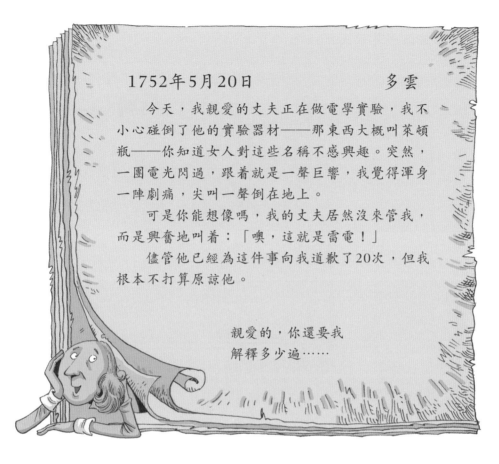

1752年5月20日　　　　　　　　多雲

今天，我親愛的丈夫正在做電學實驗，我不小心碰倒了他的實驗器材——那東西大概叫萊頓瓶——你知道女人對這些名稱不感興趣。突然，一團電光閃過，跟著就是一聲巨響，我覺得渾身一陣劇痛，尖叫一聲倒在地上。

可是你能想像嗎，我的丈夫居然沒來管我，而是興奮地叫著：「噢，這就是雷電！」

儘管他已經為這件事向我道歉了20次，但我根本不打算原諒他。

親愛的，你還要我
解釋多少遍……

可憐的德博拉足足躺了一個星期。在這期間，我寫了一篇論文寄給了英國皇家學會。

雷電的真相
富蘭克林

雷電和在實驗室中產生的電是一樣的，我那還躺在床上的太太就是證明。

附上我妻子的照片作為證據。

回信讓我非常失望……

親愛的富蘭克林先生：
　　我們很為你的幻想感到驚奇，但幻想始終是幻想。至於您的太太，相信那是一次意外。祝她早日痊癒。
　　附：她很漂亮！

謝謝。

我的觀點遭到了很多人的嘲笑。

賓夕法尼亞報　　1752年

想把上帝和雷電分家的人

富蘭克林居然認為雷電是自然界的一種放電現象，他根本沒把上帝放在眼裏！

哼，等着瞧，我馬上就會用事實來證明我是對的。

風箏引來的雷電

不久後的一天下起了大雨，很好，這正是我需要的那種雷電天氣。我和兒子威廉用金屬線把一個大風箏放飛到了天上，金屬線下面接了一段繩子，還繫着鑰匙。

風箏飛起來以後，我一隻手拉着繩子，另一隻手輕輕地碰了一下繫在金屬線上的鑰匙。瞬間，我感到一種猛烈的衝擊，還看到手指和鑰匙之間產生了小火花。沒錯，這就是電！

實驗很成功，這證明天上的雷電跟人工產生的電是一樣的。

當老爸伸手去碰鑰匙的時候，我擔心極了，謝天謝地他沒事！

我是世界上最出名的風箏，也是最倒霉的！

1752年

上帝和雷電徹底「分家」

富蘭克林是對的，天上的電和地上的電是一回事，跟上帝沒關係！

這個實驗讓我名聲大震，曾經對我完全不信任的英國皇家學會給我送來了金質獎章，還邀請我加入學會。很多人想模仿我把這個實驗再做一遍，這很危險，比如這位來自俄國的物理學家利赫曼就……

我運氣真差，竟然被雷電擊死了！我應該用火雞做實驗的。

我躲過一劫，一直活到當年聖誕節，才被做成了火雞大餐。

避雷針成了新的時尚

弄清了雷電的本質以後，我很快發明出了可以幫建築物躲避雷擊的避雷針。不過剛開始，人們根本不接受。

宗教信仰者就更生氣了，他們認為把避雷針裝在十字架附近上帝會生氣。

有天晚上⋯⋯

當天夜裏，下起了一場大雷雨。雷雨過後，裝有避雷針的高層建築都平安無事，只有教堂被雷電擊中，引起了火災。

富蘭克林不是說過了，雷電跟我沒關係嘛！

　　一種新的時尚開始了，女士們流行起了戴有避雷針裝飾的帽子——這真是我的榮幸。

　　富蘭克林不僅研究雷電，他還是一位政治家，作為美國的創建人之一，他參與起草了《獨立宣言》和美國憲法。

　　他還擔任過賓夕法尼亞州的州長，為費城建造了第一所大學和醫院。

　　富蘭克林有眾多成就，但他本人卻非常謙虛，他的墓誌銘只簡單地稱自己是「印刷工富蘭克林」。不過大家都認為法國經濟學家杜爾哥對他的讚語更合適——「他從蒼天那裏取得了雷電，從暴君那裏取得了民權。」

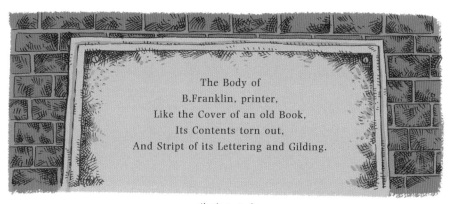

The Body of
B.Franklin, printer,
Like the Cover of an old Book,
Its Contents torn out,
And Stript of its Lettering and Gilding.

墓碑上文字

The Body of
B.Franklin, printer,
Like the Cover of an old Book,
Its Contents torn out,
And Stript of its Lettering and Gilding.

這個軀體，
印刷工本·富蘭克林，
就像一本舊書的封面，
內容盡失，
字跡斑駁，金粉脫落。

讀書會

　　富蘭克林組織了一個讀書會，這個讀書會後來發展成大名鼎鼎的美國哲學學會。

雙焦鏡

　　有兩個焦點的透鏡，看近處或遠處時，可以隨意切換鏡片。這也是富蘭克林發明的。

知識鏈接

富蘭克林高效取暖爐

　　富蘭克林重新設計了用於取暖的爐子，這種爐子在節能和安全方面都表現出色——能夠節省四分之三的燃料。

玻璃琴

　　在一個裝着水的玻璃瓶的瓶口處摩擦，就能聽到一種不尋常的聲音——富蘭克林利用這個原理造出一架玻璃琴。這種樂器的演奏方法是用腳踏板轉動玻璃瓶，然後用潮濕的手觸碰玻璃瓶口。據說莫扎特很喜歡這種樂器，還專門為它寫了兩首曲子。

美元上的頭像

　　富蘭克林的頭像被印在美國的百元大鈔上，因為他是美國《獨立宣言》的起草者之一，他被認為是最能代表美國精神的人。

曹雪芹

文學豐碑《紅樓夢》的作者

　　小説跟詩歌、散文、戲劇一樣，是文學作品的一種體裁。一般來説，一部小説會講述一個完整的故事，有的曲折動人，有的緊張離奇，還會出現好幾位活靈活現的人物，讓讀者看得津津有味。

　　提起中國的小説，還真説不上來它到底是哪一年產生的，因為它是逐漸形成的一種文學體裁。先秦時期和漢朝並沒有小説，不過有些神話和寓言多少有點兒小説的意思，可惜一般篇幅很短，幾句話就結束了。

　　到了魏晉南北朝時期，出現了志人志怪的小説。志人小説專門記錄某個人物的言談舉止和傳聞逸事，志怪小説則是講鬼怪故事——那個時代的人們相信神神鬼鬼的東西。雖然其中有些篇目挺不錯，但是嚴格地説，這還算不上真正的小説——因為它們篇幅不太長，情節也簡單了點兒。

　　再後來，唐朝流行起了傳奇小説。聽名字就知道了，這類小説專寫奇聞趣事，篇幅變長了，情節也變得很完整，可讀性

提高了一大截。而宋朝流行話本小說。話本其實就是說書人的底本，內容有歷史演義，有英雄傳奇，有愛情故事。因為要在茶館之類的地方講給大家聽，所以一般篇幅較長，語言通俗，情節引人入勝，人物活靈活現——不然的話，大家聽過一次就不肯再來了嘛。這些話本經過文人們的記錄和加工就變成了話本小說，已經非常精彩、有看頭了。

　　明清時期是中國小說發展的高峰期，這個時候的小說情節更複雜，描寫更細膩，出現了很多經典著作。你大概知道明朝一位叫吳承恩的先生，他寫的《西遊記》就是其中之一。而在清朝，有部小說搶了所有小說的風頭……

它讓好多人愛不釋手……

好書！奇書！

它讓許多年輕人嗚嗚大哭……

寶玉和黛玉之間的感情太感人了！

它引起皇帝與太后的爭執……

這本書諷刺朝廷，應該通通銷毀！

你敢！我可是它的忠實粉絲！

它讓出版商們發了財……

快，花枝巷正在賣被禁之後第一版，限量發行！晚了可就買不到了！

　　你大概已經猜到了，這部了不起的小說就是全世界都知道的《紅樓夢》。

在所有中國古典小説裏，《紅樓夢》絕對是最出色的——這一點舉世公認，毋庸置疑。在清朝，研究《紅樓夢》是文人當中最熱門最時髦的事，如果不能針對它談點兒甚麼，真的會被同伴瞧不起。這種熱度一直持續到現在，好幾百年來研究它的人不計其數，甚至形成了一門學問叫「紅學」，對它感興趣的還包括很多外國學者。沒錯，就算是在全世界，《紅樓夢》也影響力巨大，無法超越。

本篇我們要講的主人公就是《紅樓夢》的作者曹雪芹（1715—1763）。這位先生本來生活在一個很富有的貴族家庭裏，後來卻變成了一無所有的平民——他的經歷本身就像一部小説。

在說我？

下面就是這位大作家的故事，你會在故事裏看到：

‧他的家族跟康熙皇帝很有交情。

‧他從貴族變成平民差不多就在一夜之間。

‧即使窮得吃不飽飯，他還是經常耍性子、擺姿態。

‧他寫的《紅樓夢》除了是一部好看的小説，還是一部包羅萬象的百科全書。

曹雪芹開講啦

令人難忘的公子哥兒生活

我出生在江寧織造府，這地方在你們那個時代的江蘇省南京。我的曾祖父曾經擔任江寧織造，負責採辦皇室和朝廷官員

用的綢緞和布足。他辦事利落又忠心，很受朝廷重用。

從那時起，我家就漸漸變成了一個大家族。等到了祖父這一代就變得更加顯赫了，而且跟皇室的關係越來越密切。

曾祖母做過康熙皇帝的乳母，這可是非常難得的榮耀。

祖父是康熙皇帝的伴讀和御前侍衛，後來當上了江寧織造。

爸爸和叔叔都是朝廷官員，還有兩個姑姑都被選為王妃。

康熙皇帝來江南旅行過六次，其中有四次都住在我們家。

作為大家族裏的小孩，祖父和爸爸當然希望我好好讀書，通過科舉考試，將來順順利利當大官。不過，我從小就特別叛逆，不喜歡讀四書五經，尤其討厭科舉考試要寫的那種八股文。爸爸對我的管教很嚴格，特意給我請了家庭教師，還動不動就考我。不過，因為有祖母護着，我三天兩頭逃學，還把小說夾在正經書裏偷偷看。

後來回想起來，那可真是一段難忘的日子。我讀書寫字，彈琴下棋，吟詩作畫，有時還跟丫鬟們一起紮風箏、逛花園、猜字謎，每天都過得自在快活，無憂無慮。

不過，在爸爸看來，這些全都屬於不務正業。

誰規定沒錢就得畏畏縮縮地生活

1728 年，叔叔被控告虧空公款、轉移財產，罪名有一大堆。這時的皇帝已經換成了雍正皇帝，他是經過一番激烈的爭奪才登基的，總認為我們曹家在他爭皇位的時候拖過他的後腿，所以正好借這個機會罷了叔叔和爸爸的官，還下令抄家，沒收了我們的家產。

我們在江寧待不下去了，只好全家搬回了北京——在曾祖父擔任江寧織造以前，我們家一直是住在北京的。

剛到北京時，我家還有十幾間老宅，六七個僕人，生活勉強過得去。可是，叔叔需要交一大筆罰金，一大家人的生活也需要開銷，我們只好賣掉房子和田地勉強維持。不久，爸爸和叔叔都在鬱悶中病逝了，我們家的生活越來越困難。家人走的走散的散，曾經顯赫一時的曹家就這樣無聲無息地垮掉了。

幸運的是，沒過幾年，雍正皇帝死掉了，新皇帝乾隆皇帝對我家沒有那麼大的偏見，下旨赦免了我家的罰金。不過這時候，我家已經一貧如洗。

有一陣子，有人請我去朝廷的書院當畫師。

職位：畫師
薪水：每月150兩銀子
服務對象：達官貴人
要求：隨叫隨到，會獻殷勤拍馬屁，會講笑話逗
　　　大官開心……

伺候人的事老子不會幹！

你知道，我曾經是衣來伸手飯來張口的公子哥兒，就算現在變成了窮光蛋，我還是有底線的。後來，我得到了另一份工作，在皇族學校當老師。

哼，這些熊孩子！

雖然大部份學生都不肯好好唸書，但是還有幾個表現挺不錯。敦敏和敦誠兄弟就跟我很聊得來，後來我們還變成了經常來往的好朋友。

他們敬仰我的才華風度，喜歡聽我高談闊論，還說沒見過有誰那麼窮還那麼豪放不羈——誰規定沒錢就得畏畏縮縮地生活？

發生在賈府的故事主要講的是……

後來，我辭掉了工作，搬到北京西郊的一個村子裏，靠賣畫為生。這種生活更自在，當然收入變少了。幸好敦敏和敦誠經常接濟我，給我送來很多酒肉和糧食。

敦敏

在這種窮困的日子裏，我常常想起以前的富貴生活，不禁產生了很多感觸——你瞧，從熱鬧繁盛到凋零衰敗的落魄境

地，也不過就是一夜之間的事，這讓我看到了世道的無情和人生的悲哀。我一肚子話沒地方訴説，突然冒出了一个想法……

要不要根據我的經歷寫一部小説？

事情就這麼決定了，於是，我開始寫一部小説——後來被你們稱為《紅樓夢》。

《紅樓夢》的故事發生在賈府，賈家就像當年的曹家一樣是個顯赫一時的大家族，最後的結局同樣是無可挽回的衰敗。整個故事一共出現了好幾百個人物，其中大部份不能簡單地歸為好人或壞人，他們都像現實中的人一樣，有優點也有缺點，就算是一個不起眼的小丫鬟，也有自己獨特的性格、愛好和喜怒哀樂。

下面這幾位是小説裏最重要的人物：

賈寶玉

頭號男主角，賈家的寶貝孫子，不愛學習，不愛做官，追求自由，性格叛逆。

林黛玉

才華橫溢，多愁善感，自尊心強。心裏喜歡寶玉，嘴上偏不承認。

薛寶釵

性格穩重，做事周到，循規蹈矩，是長輩們心裏的好媳婦兒人選。

賈母、王夫人、王熙鳳

賈府的最高領導小組，大大小小的家務事一般都由她們幾位説了算。

你可以把它看成一個愛情故事——事實上我的確用了很多篇幅來描寫愛情，不過如果你願意，你還可以看到一些黑暗的社會現象以及貴族家庭奢侈的生活。

薛蟠

劉姥姥

　　因為我對詩詞、書畫、篆刻、醫學、建築、烹飪、印染等各門學問都很精通，所以描寫起貴族家庭的飲食起居、園林建築、傢具器皿、服飾擺設，甚至是車轎排場都真實細膩，這讓《紅樓夢》看起來就像是一部包羅萬象的百科全書。

批閱十載，增刪五次

　　寫《紅樓夢》的這些年裏，除了去酒館，我基本不出門。

我全神貫注地寫小說，沒有那麼多時間畫畫了，日子過得更加艱難。家裏稍微像樣點兒的東西早就拿去換錢了，租住的一間小茅屋裏除了床就只有舊桌椅。我連紙都買不起，就把老黃曆拆開，把小說寫在每一頁的背面。

小說寫完的部份開始在朋友之間傳閱，大家都覺得精彩極了。敦敏和敦誠等不及看下面的故事，總是找藉口來找我……

我寫了改，改了寫，發現不滿意的地方就從頭再來，足足修改了五次，不知不覺十年過去了。直到我死去的那天，我還是沒能把整部小說徹底改完，不過⋯⋯

曹雪芹還沒把《紅樓夢》印刷出版就去世了，在那之後，《紅樓夢》的書稿一直在他的朋友手裏流傳，結果傳來傳去就把後面的一部份弄丟了。後來《紅樓夢》越來越流行，大家覺得這麼精彩的小說沒有結尾實在太可惜了，於是紛紛續寫。現在我們看到的結局，是一個叫高鶚的人整理排印的。

知識鏈接
《紅樓夢》中描繪的大觀園

凸碧山莊

嘉蔭堂

蘅蕪苑

顧恩思義殿

大觀樓

玉石牌坊

稻香村

藕香榭

秋爽齋

曉翠堂

瀟湘館

清堂茅舍

玉皇廟

櫳翠庵

僕役居所

怡紅院

沁芳亭

華盛頓

美利堅合眾國之父

關於本篇的主角，他曾經……

砍倒了一棵櫻桃
樹——他破壞環境？

拒絕當國王——
他是個大傻瓜？

搬家得借錢——
他是個窮鬼？

這樣看來，他的形象似乎不怎麼高大。不過，繼續往下看，
你馬上就會知道事情的真相——恰好相反。

非得要這麼開頭嗎？

喬治‧華盛頓（1732—1799），美國第一任總統，美國獨立戰爭時期的大陸軍總司令。如果要弄清楚這位先生到底有多偉大，首先要簡單談談美國的歷史。

　　美國的全稱是「美利堅合眾國」，位於北美洲中部。北美洲本來是印第安人的聚居地，自從 15 世紀末哥倫布發現了美洲新大陸，就有很多歐洲人移民到這兒來，歐洲各國也爭先恐後地在這兒建立殖民地。18 世紀時，英國打敗了西班牙、法國和其他海上強國，控制了北美的大部份地區。

　　英國人在北美殖民地的政策並不寬鬆，對待當地居民的態度也並不友好。於是，雙方產生了激烈的矛盾，還曾經發生過非常慘烈的流血衝突。

　　1773 年，英國政府為了賣掉積存的茶葉，壟斷了北美的茶葉銷售權。這麼一來，北美種茶的農民和做茶葉生意的商人就全都失業了。為了表示抗議，幾十個小伙子悄悄來到最大的港口波士頓，爬上停在這裏的英國商船，把船上的三百多箱茶葉全都倒進了大海，史稱「波士頓傾茶事件」。

　　英國政府當然不會善罷甘休，接連通過了好幾條強制性法令，比如封閉波士頓港、增派英國駐軍、取消波士頓所在的馬薩諸塞州的自治權等。這讓當地居民更加憤怒，於是聯合起來反抗英國的殖民統治，美國獨立戰爭就這樣爆發了。

　　開頭提到的那位先生——沒錯，就是華盛頓——在這時候登上了歷史舞台。他帶領美國人民在獨立戰爭中取得了勝利，讓美國變成一個獨立的共和立憲制（而不是獨裁）國家，並主持制訂了美國憲法，這部憲法沿用至今。他連續兩次全票通過總統選舉，被尊稱為「國父」——是的，每個美國人都尊敬並且愛戴他。

我做得很棒，對吧？

下面就是這位總統先生的故事，你會看到：
· 他非常富有，而且長相也蠻吸引人。
· 說真的，他打仗並不在行，但制訂了正確的戰略。
· 他只想當總統，而不是獨裁者或國王。
· 退休以後他成了一位威士忌製造商。

華盛頓開講啦

誠實比一棵櫻桃樹重要得多

我出生在美國東部弗吉尼亞州的威克弗爾德莊園，老爸是這個莊園的主人。小時候，我在當地一家學校上小學，下面是校長先生提供的成績單——希望你不會覺得他太誇張。

科目	評語
數學	棒极了！
幾何	十分精通！
文學	閱讀了很多名著，品位超一流。
體育	體格很棒，很多運動都擅長。

事實上我只上過小學，不過這並不影響我成為一個正直而誠實的人。也許你聽過那個關於櫻桃樹的故事——有一次我不小心砍倒了一棵櫻桃樹，本可以隱瞞這件事，反正沒人看見。不過，最後我還是決定向老爸坦白。老爸不僅原諒了我，還對我說……

親愛的，別去管那棵樹了，誠實比一棵櫻桃樹重要得多。

瞧，整個故事裏，數我最倒霉！

但是你出名了啊，你是歷史上最有名的櫻桃樹！

拋開故事真假，我想說的是，正直和誠實對一個人很重要。

漸漸地，我長成了一個身材高大的帥小伙兒，在 21 歲那年應徵入伍，加入了英國的軍隊——美國那時是英國的殖民地，我沒有別的選擇。

當時，英國和法國為了搶地盤，在俄亥俄谷地正式開戰。我被派往前線攻擊法國人，在戰場上表現得非常英勇——很多老兵都能證明。

有一次，他的外衣被子彈擊穿了，但他仍然冷靜地組織軍隊撤退！

本來我希望成為一名正式的英軍軍官（而不是殖民地民兵軍官），但幾年過去了，我一直沒有獲得升遷。於是我在 1758 年辭去軍職，回到弗吉尼亞，繼承了老爸的事業，當起了莊園主，還跟瑪莎結了婚——我敢說很多姑娘都因此而心碎。

結婚以後，我們搬到了弗農山莊園居住。憑借在軍隊中積累起的威望，我當選了弗吉尼亞州的議員。

為自由和獨立而戰

經過十幾年的努力，我變成了一個富翁。不過，經過波士頓傾茶事件以後，殖民地的環境越來越嚴酷。為了應對這種局面，殖民地代表在 1774 年舉行了第一屆大陸會議。

作為弗吉尼亞州的代表，我參加了這次會議。事實上，本來我們沒想跟英國開戰，只是想爭取到更多自治權，但英國人的傲慢態度說明好好談判只是我們的一廂情願。於是，我開始主張反對英國的殖民統治，實現民族獨立。

許多人跟我看法一致，於是，獨立戰爭爆發了。我被大家推選為大陸軍總司令。

雖然捨不得離開我親愛的瑪莎，但我還是接受了這個職位。戰爭初期，雙方實力懸殊。英國擁有戰鬥力一流的軍隊，而我們的部隊是不久前剛剛組建的，軍隊缺乏訓練，裝備落後，兵力不足。

因為這，我打了不少敗仗——說真的，我並不是一個出色的軍事家。不過我能在當時的形勢下做出正確的判斷和指揮，避免跟英軍正面衝突。

他們在拖延！這對我們來說是浪費資源和時間！他們的主力部隊到底躲在哪兒？

在戰爭間隙，我請經驗豐富的軍官訓練軍隊，把一支鬆散落後的隊伍變成了像模像樣的正規軍。

現在，我的士兵足以在戰場上跟英軍正面較量了！

局勢漸漸好轉。1776 年 7 月 4 日，我們舉行了第二屆大陸會議。在會議中，我代表北美洲英屬殖民地發表了《獨立宣言》，宣佈脫離英國的殖民統治而獨立，建立美利堅合眾國。

接下來，我積極跟法國、西班牙和荷蘭等國聯絡，爭取外

援——你知道，它們跟英國鬧矛盾可不是一天兩天了。

我代表法國宣佈跟美國結盟。

法王路易十六

各國相繼參戰讓戰爭的局面徹底扭轉。1781 年，美法聯軍攻下了英軍最後的據點約克鎮，獨立戰爭基本結束。到 1783 年，英國終於承認美國獨立——這真是太棒了，對吧？

只有人民才配擁有國家的主權

美國獨立以後，大家都希望有一個大人物來統治國家——他們認為我就是那個人。

偉大的喬治·華盛頓，我們無可替代的英雄，我們的國王！

歷史證明，一個國家在剛剛建立的時候很容易形成君主專制，統治者理所當然更喜歡當國王而不是總統——它們的區別在於國王一個人說了算，而總統要聽議會的。不過，我並不想當國王或獨裁者，我不願為了一頂金燦燦的王冠和個人野心，影響美國將來的走向和發展。美國現在需要民主，而不是某一個人說了算——即使那個人是我也不行。我堅信只有人民才配擁有國家的主權！

為了表明決心，我辭去了總司令的職務，並在離職前請工作人員審核了整個戰爭中的開支。下面是他們的報告。

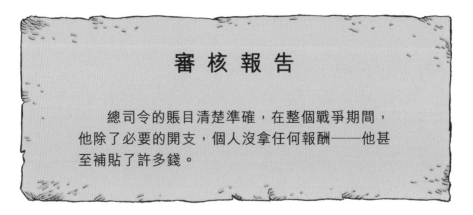

審 核 報 告

總司令的賬目清楚準確，在整個戰爭期間，他除了必要的開支，個人沒拿任何報酬——他甚至補貼了許多錢。

在我的卸任儀式上，很多人都哭了，這樣的氣氛可真令人傷感。

您的道德力量不會隨着軍職一起消失，它將永遠激勵我們的子孫後代！

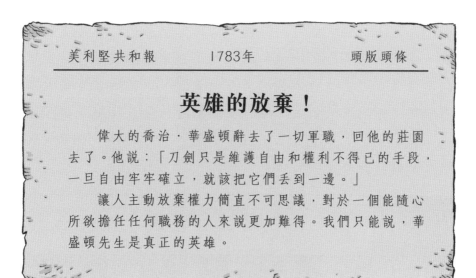

美利堅共和報　　　1783年　　　頭版頭條

英雄的放棄！

偉大的喬治·華盛頓辭去了一切軍職，回他的莊園去了。他說：「刀劍只是維護自由和權利不得已的手段，一旦自由牢牢確立，就該把它們丟到一邊。」

讓人主動放棄權力簡直不可思議，對於一個能隨心所欲擔任任何職務的人來說更加難得。我們只能說，華盛頓先生是真正的英雄。

1783年，聖誕節的前夕，我終於回到了闊別多年的弗農山莊園。我打算送給我親愛的妻子瑪莎一個響亮的吻，你覺得這個主意怎麼樣？

所有代表都把選票投給了我

不過，我並沒有休息太長時間。1787年，我主持了在費城舉行的制憲會議，在我的主張下，國會通過了美國第一部憲法，後來它被稱為《1787年憲法》。兩年以後，美國進行了總統選舉，所有代表都把選票投給了我——是的，所有！

國家召喚我出任此職，對於她的召喚，我永遠只能肅然敬從……

這是我的就職儀式，看起來還挺像樣的吧？不過在那之前，我剛跟瑪莎吵了一架，因為為了搬家到紐約就任，我不得不借了 600 美元作為搬家費——沒錯，我是個富有的莊園主，不過跟其他莊園主一樣，儘管擁有一大片土地，但我手裏的現金並不多。事實上現在整個美國都很拮据，所以我提倡大家過節儉的生活。

> 儀式簡單點兒！有紅毯和玫瑰花也不是不行，但不需要比歐洲王室還奢華——記住，我們不是王室！

我完善了民主法制，建立起精簡的聯邦政府，還頒佈司法條例，成立最高法院。第一屆總統任期結束以後，我再次全票當選，獲得了連任。其實如果我願意，很有可能繼續連任第三屆。不過，我規定總統任期不能超過兩屆，因為只有這樣才能為美國帶來真正的民主。

1797 年，我正式退休，回到弗農山莊園，過起了輕輕鬆鬆的日子。這下瑪莎總算高興了——她一直不喜歡當第一夫人。

> 我會幹全套農活，還是美國最大的威士忌製造商。

最後是個不幸的消息。1799 年，我因為感冒而引起發燒和喉嚨痛，並且逐漸惡化成了肺炎。我想我的病其實沒那麼嚴重，不過在我生活的那個年代，醫生們只會放血治療這一招。

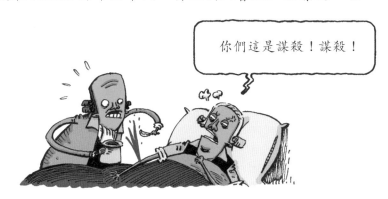

華盛頓病逝後，所有美國人都傷心極了。為了紀念他，大家把美國首都命名為華盛頓，還用他的名字命名了軍艦、橋樑甚至是一種棕櫚科樹木。即使過去了許多年，美國人仍然認為在美國所有的總統當中，最偉大的就是華盛頓……和林肯。

林肯

知識鏈接

獨立戰爭

17 世紀初，英國人移民到北美洲，在北美洲大西洋沿岸建立殖民地。到了 18 世紀，英國的殖民地已經有 13 個。英國政府為了增加財政收入，不斷增加殖民地的稅收，還對殖民地人民進行蠻橫的壓榨和殘酷的剝削。殖民地人民為了爭取民族獨立，和英國人進行了一場長達八年的戰爭——從 1775 年到 1783 年。獨立戰爭推翻了英國的殖民統治，建立了美利堅合眾國。原來的 13 個殖民地就成為美國最初的 13 個州。每年的 7 月 4 日，被定為美國獨立日。

「海龜號」潛艇

　　獨立戰爭期間，世界上第一艘潛艇誕生了，被命名為「海龜號」，它是美國耶魯大學畢業生大衛·布什奈爾在華盛頓的支持下設計建造的。

瓦 特

使人類進入蒸汽時代的發明家

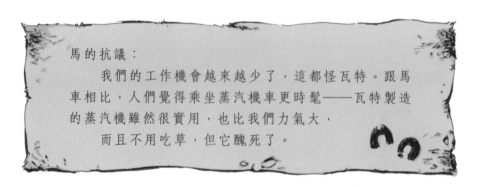

馬的抗議：

　　我們的工作機會越來越少了，這都怪瓦特。跟馬車相比，人們覺得乘坐蒸汽機車更時髦——瓦特製造的蒸汽機雖然很實用，也比我們力氣大，

　　而且不用吃草，但它醜死了。

那機器不怎麼樣，像大煙囪一樣冒黑煙！

我們就不會，而且叫聲也沒那麼誇張。

可是你們會留下永遠掃不完的馬糞！

它能在兩小時內把我送到倫敦，馬不能。

接下來，讓我們來一起認識一下這位被馬抱怨的先生——詹姆斯·瓦特（1736—1819），英國發明家。他製造了世界上第一台具有現代意義的蒸汽機，讓人類社會從此進入到蒸汽時代，並引發了一場轟轟烈烈的工業革命。

我很喜歡這種出場方式。

說起蒸汽機，它基本上就是一個把熱能轉化為機械能的動力裝置，能代替人力或水力、風力、馬匹之類的，在需要很大力氣的工作中大展身手。瓦特能夠成功改造蒸汽機，也許要歸功於瓦特從小就有奇怪的「水壺情結」……

兒時的瓦特	中年的瓦特	老年的瓦特

喂，去別處玩，別在廚房搗亂！

我多希望你用那種深情的眼神看我幾分鐘！

老爸難道得了老年失智症？

外婆	妻子	兒子

不過，蒸汽機並不是瓦特發明的。早在二千年以前，古希臘數學家希羅就製造出了一種利用蒸汽驅動小球旋轉的汽轉

球，當然，這不是蒸汽機，頂多只能算個蒸汽玩具。

17 世紀末，法國一位叫丹尼斯・巴本的物理學家受到高壓鍋的啟發，想出用高壓蒸汽推動活塞做功的好主意——這正是蒸汽機的工作原理。他製造了一台有氣缸和活塞裝置的蒸汽機模型——他是一位學者，而不是一位工程師，所以他的模型只能在實驗室裏使用。

1698 年，英國工程師托馬斯・塞維利根據巴本的模型，製造出一台真正的機器。不過它還很不完善，基本上還沒辦法用在實際生活裏。同樣來自英國的工程師托馬斯・紐科門則做得更好。1712 年，他製造出了世界上第一台可以實際使用的蒸汽機，儘管它的燃料消耗量很大，工作效率也不高，還會發出令人無法忍受的巨大響聲，但仍然被使用了幾十年。

接下來輪到瓦特出場了。他改造了不太好用的紐科門蒸汽機，讓它變成了一台高效率的超級機器。下面就是有關這位先生和他的蒸汽機的故事，你會在故事裏看到：

· 他的外婆曾經禁止他進入廚房。

· 他最喜歡的生日禮物是一套木工工具。

· 他修好了一台紐科門蒸汽機，並把它改造得非常實用。

· 他在專利方面相當計較。

瓦特開講啦

廚房重地，閒人免進

我出生在蘇格蘭格拉斯哥市附近一個名叫格林諾克的港口小鎮，爸爸是個熟練的造船工人，擁有一個造船作坊。他每天都寫日記，內容包括生活、工作、賬目以及讓他頭疼的兒子，比如下面這一篇。

讓爸爸感到頭疼的不只這些。小時候，我總是生病，以至於沒辦法上學。我的媽媽——她是一位優雅的女士——負責在家教我，給我講蘇格蘭民間故事和一些簡單的數學知識。

不過，一個男孩一直待在家裏總是有點兒怪怪的……

看看詹姆斯！他為甚麼不上學？真是個懶鬼！

我覺得很丟臉，就纏着爸媽要去上學。11歲那年，我終於進了學校。然而學校生活並不像我想像的那麼美好，作為一個超齡學生，我和那群幼稚的小不點兒根本合不來。

詹姆斯？他就是個傻大個兒！

他從來不跟我們說話，大概他腦筋有問題吧？

在家裏我可不是沉默的小孩，反而相當愛講話——這一點我的外婆可以證明。有一天，我發現爐子上的水燒開以後，壺

蓋啪啪作響，不停地向上跳動。

從這天起，每當外婆燒水時，我就蹲在爐子旁邊仔細看⋯⋯

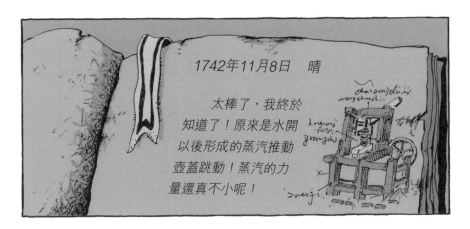

1742年11月8日　晴

太棒了，我終於知道了！原來是水開以後形成的蒸汽推動壺蓋跳動！蒸汽的力量還真不小呢！

我終於弄清了這個問題，卻在緊閉的廚房門上發現了這樣一張字條——「廚房重地，閒人免進」。

後來有人說我是受這次開水事件的啟發而發明了蒸汽機，其實那時候我根本就不知道蒸汽機是甚麼東西。不過，這種鑽研的態度倒是一個發明家所應該具備的，對吧？

老闆的肩膀一天到晚地疼

下面是我青春期時的經歷——別擔心，我沒有成為一個叛逆少年。

- 轉了一次學，總算擺脫了那群小孩。
- 退學了——我說過我的身體不怎麼好。
- 愛上了……不是一個姑娘，而是幾何學。
- 讀機械和物理方面的書，還學到了一些自然科學知識。
- 不停地做模型，比如小起重機或者船上用的各種零件。
- 得到了一件心愛的生日禮物。

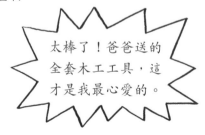
太棒了！爸爸送的全套木工工具，這才是我最心愛的。

17歲的時候，親愛的媽媽去世了，爸爸的生意開始走下坡路。我覺得自己已經是個大人了，就離開家，到格拉斯哥打工賺錢。開始，我在一家鐘錶店裏當雜工，不過倒霉的是不久以後這家店竟然倒閉了。接下來我來到倫敦，在一家儀器維修店門口發現了一張招聘啓事。

招聘學徒

本店招聘學徒一名。

工作內容：修理各種儀器，購買零件，打掃衛生，為老闆按摩痠痛的肩膀……

雖然這份工作又忙又累，薪水不高，而且老闆的肩膀一天到晚地疼，但我還是留了下來，認真學習製造和維修儀器的手藝。就這樣過了一年，我覺得自己已經學得差不多了，於是辭職回到格拉斯哥，打算開家儀器維修店。儘管當時格拉斯哥還沒有類似的店，但是因為我沒按照要求做夠七年學徒，所以開店申請被拒絕了。

不過，在格拉斯哥的這段日子，我認識了格拉斯哥大學的約瑟夫·布萊克教授——他是出色的物理學家和化學家。在他的幫助下，我在格拉斯哥大學裏開了一間小修理店，還被大學任命為數學儀器製造師——這真是太棒了。

儘管它還是個會吼叫的大家伙

漸漸地，我和教授先生變成了好朋友。1763 年的一天，他突然問我願不願意修理一台紐科門蒸汽機……

當然，我願意——不過，蒸汽機是甚麼東西？

原來，格拉斯哥大學有一台紐科門蒸汽機，沒怎麼用就壞掉了，不久前花了一大筆運費運到倫敦維修，不過沒有修好，教授先生就推薦我來試試看。儘管在這之前我從來沒見過蒸汽機，但還是一口答應下來。

那我可就動手了！

我閱讀了所有能找到的有關蒸汽機的材料，還製作了蒸汽機模型。通過不斷試驗，我終於把這個大傢伙修好了。修好後的蒸汽機勉強可以工作，但是效率很低。我仔細研究了它的結構和工作原理，很快找到了效率低的原因。

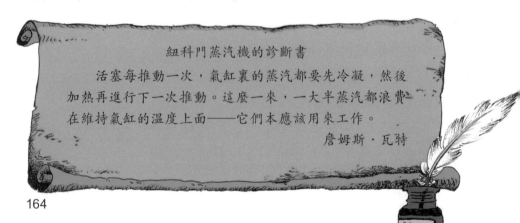

紐科門蒸汽機的診斷書

活塞每推動一次，氣缸裏的蒸汽都要先冷凝，然後加熱再進行下一次推動。這麼一來，一大半蒸汽都浪費在維持氣缸的溫度上面——它們本應該用來工作。

詹姆斯·瓦特

既然發現了問題，那麼不如來改進一下。不過，這需要一大筆資金。卡倫鋼鐵廠的擁有者約翰・羅巴克先生成了我的主要資助者，我自己也找了一份運河測量員的兼職工作。後來，伯明翰一間鑄造廠的老闆馬修・博爾頓也表示願意跟我合作。

幾年以後，我終於成功製造出了一台改進的蒸汽機，儘管它還是個會吼叫的大傢伙，但效率足足提高了五倍。這種蒸汽機很快投入生產，並在 1776 年正式跟大家見面了。

在這以後的幾年裏，我不斷對蒸汽機進行改進，讓它變得更能幹。

第一次上報紙，一定要剪下來保存好！

1784年 頭版頭條

倫敦工業報

這個大傢伙也許能推動整個世界的發展

這個巨大的、不知疲倦的鐵皮機器也許能幫我們做比想像當中更多的事，當然是在它經過改進之後。它的改進者是來自格拉斯哥的詹姆斯・瓦特。

接下來，我和博爾頓合夥組建了一家蒸汽機製造公司。我把蒸汽機不斷地展示給牧場主、工程師和記者們看，結果得到了一大堆訂單，我和博爾頓都賺了不少錢。1784 年，我被英國政府授予製造蒸汽機的專利證書。因為有了證書，我在接下來的十幾年裏獲得了 7.6 萬英鎊的專利稅。

現在我是一個富翁啦！

事實上，我們的蒸汽機製造公司主要由博爾頓經營，說真的，我一點兒也不喜歡跟人討價還價或談合同。而且，為了保護蒸汽機製造專利，我還得經常去法院起訴和打官司。

早上好，先生。很高興本週第四次見到你。

法院院長

他太過份了，竟然不允許我嘗試用蒸汽來驅動四輪車！

瓦特的助手

你是說，他是為了靠近法院才搬到我們這個區的？

鄰居

我知道有人說我是個對專利斤斤計較的傢伙，不過不管怎麼說，我都已經無法阻止蒸汽機的流行和廣泛應用——紡織、冶金、採煤、交通等各行各業通通都需要它。1805 年，一個名叫富爾頓的美國人製造出了一艘以蒸汽機為動力的輪船。1814年，英國工程師斯蒂芬森製造出了蒸汽機車——也就是你們常說的火車。

> 這是我發明的輪船，用瓦特的蒸汽機作動力，很棒吧？

> 我發明的火車頭也用了瓦特蒸汽機！

富爾頓　　　　斯蒂芬森

很快，瓦特蒸汽機成了很多機器的動力裝置。高效率的機器生產漸漸取代了慢吞吞的手工操作，有錢的資本家們開始投資建設廠房，購置機器，僱用工人……工廠就這樣出現了，而第一次工業革命也正式開始——它正是以瓦特蒸汽機被廣泛使用作為標誌的。

當然，作為一位發明家，瓦特還發明過一些別的東西，比如一種新的透印印刷術、改良的油燈、蒸汽碾壓機以及沿用至今的機械圖紙着色法。不過，提起他最得意的成就，他一定會這麼說……

> 當然是那個咆哮的大傢伙！

知識鏈接

　　早期的蒸汽機是往復式的，一來一回做往復運動。1782 年，瓦特發明了旋轉式蒸汽機，這下這個大傢伙就好用多了。

調速器

活塞桿

飛輪

瓦特的改良蒸汽機被廣泛地應用在工廠，成為很多機器的動力裝置：1805 年美國人富爾頓發明的蒸汽輪船，1814 年英國人斯蒂芬森發明的火車機車，都離不開瓦特的蒸汽機。

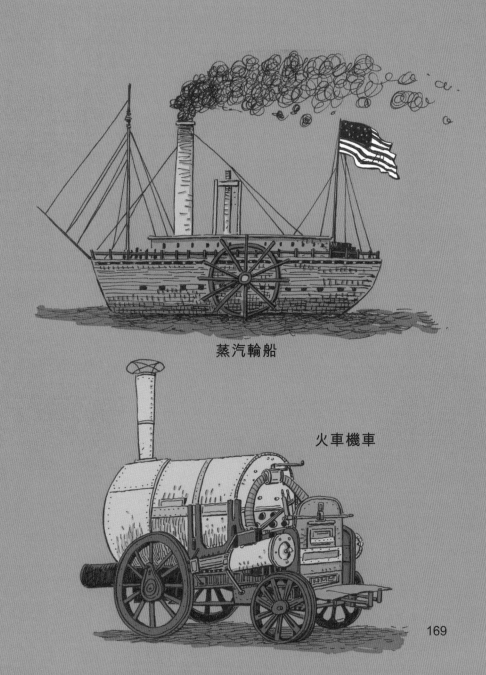

蒸汽輪船

火車機車

書　　名　漫畫名人故事④ 從康熙皇帝到華盛頓

編　　著　紅馬童書　張　文

繪　　圖　莊建宇　李　楠　侯亞楠　陳宗岱　陳廣濤　陳　銘

責任編輯　郭坤輝

封面設計　楊曉林

出　　版　小天地出版社（天地圖書附屬公司）

　　　　　香港黃竹坑道46號

　　　　　新興工業大廈11樓（總寫字樓）

　　　　　電話：2528 3671 傳真：2865 2609

　　　　　香港灣仔莊士敦道30號地庫（門市部）

　　　　　電話：2865 0708　傳真：2861 1541

印　　刷　亨泰印刷有限公司

　　　　　柴灣利眾街德景工業大廈10字樓

　　　　　電話：2896 3687　傳真：2558 1902

發　　行　香港聯合書刊物流有限公司

　　　　　香港新界荃灣德士古道220-248號荃灣工業中心16樓

　　　　　電話：2150 2100　傳真：2407 3062

出版日期　2021年5月／初版・香港